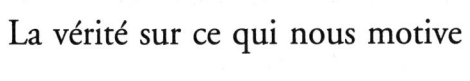

La vérité sur ce qui nous motive

Clés DES Champs

Des outils pour comprendre.
Des idées pour agir.

BRIAN M. CARNEY ET ISAAC GETZ
Liberté & Cie.
Quand la liberté des salariés fait le succès des entreprises.

CHARLES DUHIGG
Le Pouvoir des habitudes.
Changer un rien pour tout changer.

MALCOLM GLADWELL
Le Point de bascule.
Comment faire une grande différence
avec de très petites choses.

DANIEL KAHNEMAN
Système 1 / Système 2.
Les deux vitesses de la pensée.

DANIEL H. PINK
La Vérité sur ce qui nous motive.

Daniel H. PINK

La vérité sur ce qui nous motive

Traduit de l'anglais (États-Unis)
par Marc Rozenbaum

Clés DES Champs

Titre original :
Drive. The Surprising Truth About What Motivates Us.
Copyright © 2009 by Daniel H. Pink

© Zen Business, une marque des éditions Leduc.s, 2011,
pour la traduction.
© Flammarion, 2014, 2016, pour cette édition.

ISBN : 978-2-0813-7952-7

À Sophia, Eliza et Saul,
ce surprenant trio qui me motive.

PRÉFACE À L'ÉDITION DE POCHE

Pouvez-vous nommer un seul grand chercheur en psychologie ayant écrit un best-seller ?

Peut-être Howard Gardner et ses « intelligences multiples » vous viennent-ils à l'esprit ? Cependant, d'incroyables succès comme *L'Intelligence émotionnelle* ou *Le Point de bascule*, dont les titres-mêmes sont devenus des expressions du langage courant, n'ont pas été écrits par des chercheurs mais par de géniaux vulgarisateurs (respectivement Daniel Goleman et Malcolm Gladwell).

Vous pourriez – à juste titre – être surpris par cette réticence des chercheurs à écrire des ouvrages vulgarisant leurs travaux, se privant par la même occasion de la reconnaissance d'un large public – et, au passage, du succès, voire de la fortune ! Vous pourriez avoir raison de penser cela… si vous n'aviez entendu parler de quelques recherches qui font justement l'objet du livre que vous tenez entre les mains, et qui ébranlent l'idée reçue selon laquelle le comportement des êtres humains – comme celui des ânes – serait irrémédiablement guidé par la politique de la carotte et du bâton menée par leurs chefs.

En 1995, le livre de Goleman popularisant les travaux de Salovey et de ses collègues s'était hissé au sommet de la best-seller list du *New York Times*. Un an auparavant, je me rappelle avoir croisé Peter Salovey – le père de l'« intelligence émotionnelle » – dans un congrès de psychologie à Toronto. « Peter, lui demandé-je, n'es-tu pas déçu de ne pas avoir écrit ce livre ? » Il sourit, et me dit alors qu'il était content que le concept d'intelligence émotionnelle soit maintenant connu du grand public...

Mais, il n'y a pas que les chercheurs pour avoir ce type de réactions paradoxales. Pourquoi la plupart des grands sportifs (malgré quelques exceptions) refusent-ils d'exploiter leur popularité pour écrire des chansons ou des livres ? Pourquoi la promesse de la reconnaissance – la bonne note, la bonne place, les félicitations, la gloire – fait-elle plus de mal que de bien, à la fois aux adultes et aux enfants ?

C'est justement pour clarifier ces paradoxes, et bien d'autres de cette nature, que Daniel Pink a écrit ce livre.

Pour ce faire, il s'est appuyé sur les travaux de trois psychologues américains – Ed Deci et Richard Ryan, de l'université de Rochester, et Mihaly Csikszentmihalyi, de l'université de Chicago – qui ont consacré leurs carrières à la résolution de ces questions ; puis, il en a fait un récit passionnant.

On appelle aujourd'hui cela du *story-telling*, mais raconter de belles histoires a toujours été la clé pour captiver le lecteur. C'est un art de transmettre des notions complexes de façon simple, de faire qu'un lecteur, lorsqu'il a tourné la première page, ait envie de tourner les suivantes. Plus encore, une fois qu'il a terminé le livre, le lecteur se rappelle ses histoires, il les partage avec les autres, et crée alors le fameux effet « boule de neige » dont rêvent les éditeurs.

Daniel Pink y est parvenu et, en passant, il est parvenu aussi à ancrer dans les esprits l'idée qu'on ne peut pas *motiver* les gens.

Comment faire alors ? Pour le savoir, il faut tourner la page.

Paris, juin 2014

Isaac Getz,
co-auteur de *Liberté & Cie*
(Flammarion, 2013)

PRÉFACE DE FRÉDÉRIC REY-MILLET

Lorsque mon ami éditeur Stéphane Leduc m'a demandé de préfacer cet ouvrage, j'avoue avoir été un peu sceptique. N'était-ce pas un livre de plus sur la motivation, sujet récurrent, souvent évoqué dans les organisations et souvent mal traité (et maltraité aussi !) ? N'était-ce qu'une référence de plus, s'ajoutant aux 71 millions déjà proposées, sur le thème « motivation », par un célèbre moteur de recherche ?

J'ai dû aussi vérifier mes connaissances sur Dan Pink. Pas du tout médiatisé en France, il a été conseiller du vice-président Al Gore, de 1995 à 1997 sous l'administration Clinton. Il est l'auteur de quatre ouvrages dont le thème principal concerne la créativité et la motivation dans les organisations.

Bref, j'ai lu ce manuscrit de l'œil critique que me procurent vingt ans de pratique sur le management et la motivation des hommes. Et j'ai été séduit. Séduit et même surpris !

L'ouvrage de Dan Pink est passionnant et je l'ai dévoré d'une traite. Tout étudiant, parent, cadre, manager doit lire *La vérité sur ce qui nous motive* et ce pour quatre raisons :

1. Il est novateur et tord le cou à de nombreuses idées reçues sur la motivation.

2. Il s'appuie sur des bases scientifiques incontestables et nombreuses. Plus de cinquante études corroborent le propos de Dan Pink.

3. Il est simple et épuré de tout propos ésotérique qui ne serait compréhensible que par une communauté de « gourous post-woodstockien ».

4. Il invite et incite à la mise en œuvre d'actions simples et concrètes.

Dan Pink nous propose un voyage passionnant en trois étapes. La première partie de l'ouvrage nous explique pourquoi, la plupart du temps, les méthodes de motivation ne fonctionnent pas ou mal et pourquoi elles doivent évoluer. Le monde des entreprises a changé ; la motivation également. La deuxième partie détaille les trois ingrédients de base de la motivation intrinsèque, à savoir : l'autonomie, la maîtrise et la finalité. La troisième partie de l'ouvrage est une boîte à outils dans laquelle Dan Pink nous propose de nombreuses pistes pour passer à l'action tant à titre personnel qu'à titre professionnel.

Changer notre regard sur la motivation est indispensable et nécessaire à la transformation de nos entreprises ; mais deux précautions me semblent essentielles :

Une boîte à outils ne fait pas tout. Elle ne délivre pas la formule de la pierre philosophale qui permettrait de transformer le plomb en or ou tout collaborateur en superman de la motivation. La démarche doit s'inscrire dans le temps. On ne passe pas d'un système motivationnel basé sur la carotte et le bâton à ce que Dan Pink appelle « Motivation 3.0 » par de simples incantations.

Toute nouvelle démarche managériale est par nature suspecte, incite à la méfiance et provoque souvent un questionnement du type : « Encore une nouvelle tentative de manipulation managériale pour tenter d'en faire plus avec moins de moyens. » La simplicité du propos ne doit pas vous faire oublier la difficulté de la mise en œuvre.

Acceptez que cela prenne du temps…

La motivation est un élément essentiel du management ; mais ce n'est pas le seul. Il ne vous dispensera pas d'une démarche de réflexion en amont du plan d'action Motivation 3.0. Des questions du type « Quelle est la finalité de votre équipe ? Où voulez-vous aller ? Quel est le meilleur futur que vous voulez construire ? » sont un préalable indispensable à l'action.

Choisissez un outil de la boîte et tentez l'expérience avec humilité et rappelez-vous la définition de la réussite formulée par Winston Churchill : « Le succès c'est d'aller d'échec en échec sans perdre son enthousiasme. »

Bonne lecture et bon voyage en Motivation 3.0.

Frédéric Rey-Millet
Président d'Ethikonsulting
Vice-président du Centre des jeunes dirigeants
d'entreprise Paris

INTRODUCTION

Les casse-tête déroutants
de Harry Harlow et Edward Deci

Au milieu du XXe siècle, deux jeunes scientifiques réalisèrent des expériences qui auraient dû changer le monde. Pourtant, elles ne l'ont pas changé du tout.

Harry F. Harlow était professeur de psychologie à l'université du Wisconsin. Dans les années 1940, il créa l'un des premiers laboratoires du monde pour étudier le comportement des primates. Un jour, en 1949, Harlow et deux de ses collègues rassemblèrent huit macaques rhésus pour réaliser une expérience de deux semaines sur l'apprentissage. Ils conçurent un casse-tête mécanique simple comme celui représenté ci-dessous.

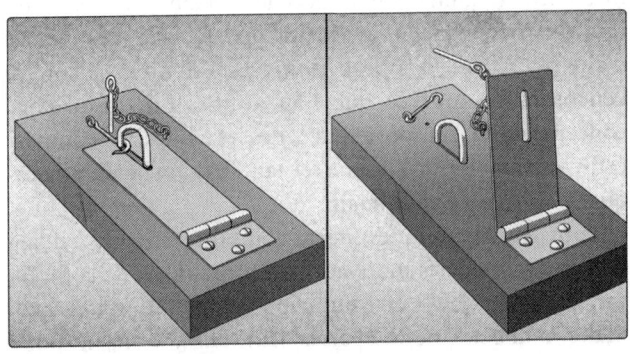

Le casse-tête de Harlow dans sa configuration de départ (à gauche)
et une fois résolu (à droite).

Trois étapes étaient nécessaires pour les résoudre : il fallait d'abord ôter la tige verticale, puis défaire le crochet, et enfin, soulever le couvercle pivotant. Pour vous et moi, c'est un jeu d'enfant, mais pour un singe, c'est bien plus difficile.

Les chercheurs avaient placé les casse-tête dans les cages des singes pour observer la façon dont ils réagiraient et pour les préparer aux tests de résolution de problèmes auxquels ils seraient soumis au bout des deux semaines. Or, presque tout de suite, il se produisit quelque chose d'étrange. Sans aucune pression extérieure ni incitation de la part des chercheurs, les singes se mirent à manipuler ces casse-tête avec beaucoup d'intérêt et semblèrent y trouver du plaisir. Il ne leur fallut pas longtemps pour assimiler le fonctionnement du système. Au bout de deux semaines, ils étaient devenus experts en la matière et, deux fois sur trois, ils résolvaient le problème en moins d'une minute.

Pourtant, personne n'avait jamais montré à ces singes comment retirer la tige, comment faire glisser le crochet ni comment soulever le couvercle. Personne ne les avait récompensés par de la nourriture ni par des gestes d'affection ou d'approbation. Le résultat allait à l'encontre de tout ce que l'on avait admis jusqu'alors concernant le comportement des primates, y compris cette espèce moins poilue et au cerveau volumineux qu'on appelle l'être humain.

Pour les scientifiques, notre comportement dépendait de deux principales motivations. La première est la motivation biologique. L'être humain et les autres espèces animales mangent pour apaiser leur faim, boivent pour étancher leur soif et s'accouplent pour satisfaire leurs envies charnelles. Or, ce n'était pas ce qui se produisait ici. Comme le note Harlow, résoudre le problème ne leur apportait ni nourriture, ni eau, ni gratification sexuelle [1].

La seule autre motivation connue n'expliquait pas davantage ce comportement particulier. Si les motivations d'ordre biologique venaient de l'individu lui-même (ce que nous appellerons motivation intrinsèque), l'autre type de motivation, au contraire, provenait de l'extérieur : il s'agissait des récompenses et des punitions dispensées par d'autres selon la manière dont on se comporte. Ce principe est certainement vrai chez les humains, qui réagissent particulièrement bien à ces forces extérieures. Quand on nous fait miroiter une augmentation de salaire, nous travaillons avec plus d'ardeur. Quand on nous fait espérer une excellente note, nous étudions davantage. Quand on nous menace de nous exclure si nous arrivons en retard ou si nous ne remplissons pas correctement un questionnaire, nous arrivons à l'heure et nous nous appliquons. Toutefois, ce principe n'expliquait pas le comportement des singes. Comme le note Harlow, « le comportement obtenu dans cette recherche soulève des questions intéressantes pour la théorie de la motivation, sachant qu'un apprentissage significatif a été observé et qu'une bonne performance a perduré sans recours à des incitations particulières ou extérieures ».

De quoi d'autre pourrait-il donc s'agir ?

Pour répondre à cette question, Harlow proposa une nouvelle théorie, la théorie d'une *troisième* motivation : « La réussite de la tâche a constitué une récompense intrinsèque. » Les singes ont résolu les problèmes simplement parce qu'ils trouvaient gratifiant de les résoudre. Ils

---

1. Harry F. Harlow, Margaret Kuenne Harlow, Donald R. Meyer, « Learning Motivated by a Manipulation Drive », *Journal of Experimental Psychology* 40, 1950, p. 231.

y ont pris du plaisir et le plaisir de le faire a été leur seule récompense.

Si cette idée était déjà révolutionnaire, ce qui est arrivé ensuite n'a fait qu'alimenter davantage encore la confusion et la controverse. Cette motivation nouvellement découverte, que Harlow a par la suite appelée « motivation intrinsèque », était peut-être une réalité, mais il lui paraissait certain qu'elle était subordonnée aux deux autres. Si l'on récompensait les singes, avec des raisins par exemple, ils feraient sans doute encore mieux. Or, il se passa le contraire : avec un système de récompense, les singes firent davantage d'erreurs et montrèrent moins d'intérêt pour la résolution des casse-tête. Selon Harlow, « l'introduction de nourriture dans l'expérimentation a eu pour effet de perturber la performance, un phénomène dont aucune étude n'avait fait état ».

Voilà qui était vraiment étrange. D'un point de vue scientifique, c'était comme si une balle que l'on faisait rouler sur un plan incliné pour mesurer sa vitesse se mettait à flotter en l'air. Cela laisserait penser que notre compréhension des forces gravitationnelles n'était pas la bonne et que des lois que nous avions crues immuables pouvaient facilement être mises en défaut. Harlow souligne « la force et la persistance » de la motivation des singes à réussir les casse-tête et note : « Il semblerait que cette motivation [...] puisse être aussi fondamentale et aussi forte que les [autres] motivations. En outre, on a des raisons de croire qu'[elle] peut être aussi efficace pour faciliter l'apprentissage [1] ».

À cette époque, cependant, cette idée des deux motivations principales exerçait une forte emprise sur la pensée scientifique. Harlow lança donc un appel aux scientifiques à « tourner le dos à de larges pans de notre bric-à-brac

---

1. *Ibid.*, 233-34.

théorique » et à proposer des explications nouvelles et plus pertinentes du comportement humain [1]. Selon lui, la façon dont nous expliquions pourquoi nous nous conduisons comme nous le faisons était insatisfaisante. Pour comprendre vraiment les comportements humains, il fallait tenir compte de ce troisième type de motivation.

Néanmoins, il ne tarda pas à abandonner complètement son idée.

Plutôt que s'opposer à l'ordre établi et livrer une vision plus complète de la motivation, Harlow renonça à poursuivre dans cette voie. Il devait en effet devenir célèbre par la suite pour ses études sur l'affection [2]. Son idée d'un troisième type de motivation allait pourtant survivre dans l'histoire de la psychologie, mais seulement en marge des sciences comportementales. Il faudrait attendre encore une vingtaine d'années pour qu'un autre savant reprenne le fil que Harlow avait abandonné sur sa table de travail, dans le Wisconsin.

Au cours de l'été 1969, Edward Deci, déjà titulaire d'un MBA de l'université Wharton et étudiant en psychologie à l'université Carnegie Mellon, était à la recherche d'un sujet d'étude. La motivation était une question qui l'attirait tout particulièrement car il pressentait que les chercheurs et le monde de l'entreprise n'en avaient pas une vision correcte. S'inspirant de l'idée de Harlow, il se mit donc à approfondir ce sujet à l'aide d'un casse-tête.

Deci choisit le cube Soma, un puzzle tridimensionnel alors en vogue et qui reste très prisé aujourd'hui encore.

---

1. Harry F. Harlow, « Motivation as a Factor in the Acquisition of New Responses », *Current Theory and Research on Motivation*, Lincoln, University of Nebraska Press, 1953, p. 46.

2. Harlow s'est vu décerner une médaille nationale des scientifiques et il est devenu président de l'American Psychological Association.

Ce casse-tête, illustré ci-après, est constitué de sept éléments en matière plastique, dont six formés de quatre cubes et un formé de trois cubes. Il est possible de les assembler selon des millions de combinaisons, et le jeu consiste à représenter un objet facilement reconnaissable.

Les sept éléments du cube Soma, séparés (à gauche) et assemblés selon une configuration parmi plusieurs millions.

Pour les besoins de son étude, Deci fit appel à des étudiants des deux sexes, avec lesquels il forma un groupe expérimental (que j'appellerai le groupe A) et un groupe témoin (que j'appellerai le groupe B). Chacun de ces deux groupes participa à trois séances d'une heure organisées sur trois jours consécutifs.

Ces séances se déroulaient comme suit : chaque participant entrait dans une salle et s'asseyait devant une table sur laquelle étaient disposés les sept éléments du cube Soma, des images représentant trois configurations différentes et des exemplaires des magazines *Time*, *The New Yorker* et *Playboy* (on était tout de même en 1969). Deci s'asseyait en face du participant, lui donnait ses instructions et chronométrait.

Au cours de la première séance, les participants des deux groupes devaient reproduire les configurations représentées sur les images. Au cours de la deuxième séance, il en était de même avec des images différentes, mais cette fois, Deci annonçait aux participants du groupe A qu'ils recevraient 1 dollar (à peu près l'équivalent de 5 euros aujourd'hui) pour chaque configuration correctement reproduite. Les participants du groupe B, cependant, ne recevraient rien. Enfin, au cours de la troisième séance, les participants des deux groupes devaient reproduire de nouvelles formes sans toucher aucune rémunération, tout comme lors de la première séance (voir tableau ci-dessous).

TRAITEMENT DES DEUX GROUPES

	Jour 1	Jour 2	Jour 3
Groupe A	Pas de récompense	Récompense	Pas de récompense
Groupe B	Pas de récompense	Pas de récompense	Pas de récompense

Le jeu devenait particulièrement intéressant au milieu de chaque séance, au moment où un participant venait de reproduire le deuxième exemple. Deci interrompait l'exercice pour déclarer qu'il allait proposer un quatrième modèle, mais qu'il devait d'abord saisir le minutage sur un ordinateur. À cette époque, un ordinateur occupait l'espace d'une salle entière donc Deci devait s'absenter un petit moment.

En sortant, il annonçait aux participants qu'il en avait pour quelques minutes et qu'ils étaient libres de s'occuper comme ils voulaient pendant ce temps. En réalité, au lieu d'aller saisir des nombres sur un ordinateur, Deci se rendait dans une salle adjacente d'où il pouvait voir les participants sans être vu, grâce à une glace sans tain. Il les observait alors pendant huit minutes, pour voir s'ils allaient continuer à jouer avec le puzzle et essayer de reproduire le troisième modèle ou bien faire autre chose, par exemple lire un magazine.

Le premier jour, comme on pouvait s'y attendre, aucune différence significative ne fut observée entre les deux groupes. En moyenne, les participants continuaient à jouer avec le puzzle pendant trois à quatre minutes, ce qui indiquait un certain intérêt pour ce jeu.

Le deuxième jour, les participants du groupe B se comportèrent comme la veille, mais ceux du groupe A, qui étaient cette fois rémunérés, manifestèrent un intérêt nettement plus marqué pour le puzzle. Ils s'y consacrèrent en moyenne pendant plus de cinq minutes. Cela paraît logique et cohérent avec notre vision habituelle de la motivation : on travaille mieux quand il y a une récompense à la clé.

La suite a confirmé ce que Deci soupçonnait concernant les mécanismes de la motivation. Le troisième jour, Deci a annoncé aux participants du groupe A qu'il n'y aurait pas de rémunération. La séance s'est déroulée comme précédemment : deux puzzles, puis une interruption.

Durant les huit minutes pendant lesquelles les participants étaient libres de faire ce qu'ils désiraient, les participants du groupe B ont joué au puzzle un peu plus longtemps qu'au cours des deux séances précédentes. Cependant, les participants du groupe A ont réagi différemment. Ils y ont joué significativement moins longtemps : pendant deux minutes de moins que la veille, quand ils avaient été rémunérés, mais surtout pendant une bonne minute de moins que lors de la première séance, lorsqu'ils avaient découvert ce jeu avec un intérêt évident.

En écho à ce que Harlow avait découvert une vingtaine d'années plus tôt, Deci a révélé que la motivation humaine semblait obéir à des lois différentes de ce que les scientifiques et le public avaient l'habitude de croire. Du bureau au terrain de sport, on savait ce qui stimulait l'intérêt et encourageait la performance : les récompenses, et plus particulièrement les espèces sonnantes et trébuchantes. Ce que Deci a découvert, puis confirmé peu de temps après par deux autres études, c'est le contraire : « Quand l'argent est utilisé comme récompense extérieure d'une activité, le sujet attache moins d'intérêt à cette activité même [1]. » Une récompense peut stimuler le sujet à court terme, tout comme un peu de caféine peut vous faire tenir le coup quelques heures de plus, mais l'effet s'estompe. Pire encore, la récompense peut réduire la motivation à poursuivre le projet à long terme.

D'après Deci, l'être humain présente « une tendance inhérente à rechercher la nouveauté et les défis, à développer et à exercer ses capacités, à explorer et à apprendre ». Cependant, ce troisième type de motivation est plus fragile que les deux autres : il ne survit que dans certaines conditions. Comme le précise Deci dans une note, « celui qui cherche à développer et à renforcer la motivation intrinsèque chez les enfants, les salariés, les étudiants, etc., ne doit pas privilégier des systèmes de contrôle externe comme les gratifications financières [2] ». Ainsi devait commencer pour Deci une longue tentative de réviser les conceptions admises sur ce qui détermine notre conduite. Cela lui a parfois valu de se brouiller avec des collègues ou de se faire renvoyer d'une école de commerce, mais Deci a remis en question les principes sur lesquels toutes sortes d'organisations fonctionnent.

---

1. Edward L. Deci, « Effects of Externally Mediated Rewards on Intrinsic Motivation », *Journal of Personality and Social Psychology*, 18, 1971, p. 114.
2. Edward L. Deci, « Intrinsic Motivation, Extrinsic Reinforcement, and Inequity », *Journal of Personality and Social Psychology*, 22, 1972, p. 119-120.

« C'était une thèse très controversée, m'a expliqué Deci un beau matin de printemps, quarante ans après ses expériences avec le cube Soma. Personne n'aurait pensé qu'une récompense pouvait avoir un effet négatif. »

Ce livre traite de la motivation. Je me propose donc de montrer qu'une grande partie de ce que nous croyons sur ce sujet n'est tout simplement pas la réalité, et que les premières découvertes faites par Harlow et Deci il y a quelques dizaines d'années s'en rapprochent bien davantage. Le problème est que la plupart des entreprises n'ont pas encore cette nouvelle compréhension de ce qui nous motive. Trop d'organisations – pas seulement des entreprises, mais aussi des administrations et des associations à but non lucratif – continuent de fonctionner sur la base de suppositions concernant le potentiel et la performance de l'individu qui sont périmées, auxquelles on s'accroche sans réfléchir et qui relèvent davantage des traditions que de la science. On voit perdurer des pratiques comme les plans d'incitation à court terme et la rémunération à la performance, alors qu'il est de plus en plus clair que ces mesures sont généralement inefficaces et souvent contre-productives. Pire, ces pratiques se sont répandues dans nos écoles et c'est à grand renfort de baladeurs numériques et d'argent de poche que nous nous efforçons d'inciter la population active de demain à apprendre. Il y a vraiment quelque chose qui ne va pas.

Heureusement, la solution est à notre portée, grâce aux travaux réalisés depuis un demi-siècle par un certain nombre de spécialistes du comportement qui ont marché sur les traces de Harlow et de Deci. Nous leur devons une perception plus dynamique des motivations humaines. Depuis trop longtemps, il existe un gouffre entre ce que savent les scientifiques et ce que pratiquent les entreprises. Le but de cet ouvrage est d'y mettre fin.

Ce livre comporte trois parties. La première analyse les carences de notre système de récompenses et de punitions et propose une nouvelle façon d'envisager la motivation. Le chapitre 1 montre combien les conceptions qui prévalent, concernant la motivation, sont incompatibles avec bien des aspects du monde actuel, dans l'entreprise comme dans le quotidien. Le chapitre 2 révèle les sept raisons pour lesquelles les systèmes de motivation extérieure (que nous appellerons extrinsèque) – la carotte et le bâton – produisent souvent le contraire du résultat escompté (suit un petit supplément, le chapitre 3, qui précise les circonstances particulières dans lesquelles la carotte et le bâton peuvent pourtant être efficaces). Le chapitre 4 présente ce que j'appelle le comportement « de type I ». C'est un état d'esprit et une approche de l'entreprise fondés sur la vraie science de la motivation humaine et sur notre troisième type de motivation : notre besoin inné de diriger notre propre vie, d'apprendre et de créer de nouvelles choses et de mieux réussir.

La deuxième partie est consacrée aux trois composantes du comportement de type I et à la façon dont les individus et les organisations les utilisent pour gagner en performance et en satisfaction. Le chapitre 5 traite de l'autonomie, de notre désir de nous diriger nous-mêmes. Le chapitre 6 porte sur la maîtrise, sur ce qui nous pousse à mieux réussir ce que nous entreprenons. Le chapitre 7 est consacré à notre désir de faire partie d'un ensemble plus large que nous-mêmes.

La troisième partie est constituée d'un ensemble de ressources qui vous permettront de créer les meilleures conditions pour pouvoir adopter un comportement de type I. Vous y trouverez notamment de nombreux exercices pour éveiller la motivation en vous-même et chez les autres, des sujets à débattre avec vos amis et un très court résumé de ce livre qui vous permettra de briller en société. Enfin, si ce livre traite surtout de la vie en entreprise, je propose néanmoins dans cette partie quelques réflexions sur les possibilités d'appliquer ces concepts à l'éducation et à notre existence en dehors du travail.

Cependant, avant d'entrer dans le vif du sujet, commençons par une mise en situation qui nous fera remonter dans le temps, à une époque où John Major était Premier ministre en Grande-Bretagne, où Barack Obama était un jeune professeur de droit maigrichon, où la connexion à Internet se faisait en composant un numéro de téléphone et où seuls les dirigeants d'entreprises et les hommes politiques pouvaient téléphoner depuis leur voiture.

I

ET SI NOUS ENVISAGIONS UN NOUVEAU SYSTÈME D'EXPLOITATION ?

1

MOTIVATION 2.0,
DES ORIGINES À LA CHUTE

Nous sommes en 1995. Vous êtes en train de discuter avec un éminent professeur d'économie titulaire d'un doctorat. Vous lui dites que vous êtes en possession d'une boule de cristal qui vous permet de vous projeter quinze ans dans le futur et que vous aimeriez tester sa capacité de prévoir l'avenir. Sceptique, il décide cependant de jouer le jeu.

« Je vais décrire deux encyclopédies : une qui vient juste d'être publiée, et l'autre qui sera commercialisée dans quelques années. À vous de prédire laquelle aura le plus de succès en 2010.

— Allez-y.

— La première encyclopédie est publiée par Microsoft. Comme vous le savez, Microsoft est déjà une grande compagnie très prospère. Avec la sortie de Windows 95 cette année, elle va devenir littéralement colossale. Microsoft financera la production de cette encyclopédie et paiera des auteurs et des universitaires pour rédiger des articles sur des milliers de sujets. Des responsables de projet grassement rémunérés veilleront au respect du budget et des délais. Enfin, Microsoft commercialisera cette encyclopédie sur CD-ROM, et plus tard en ligne.

« La seconde encyclopédie ne sera pas produite par une compagnie. Elle sera créée par des dizaines de milliers de gens qui écriront des articles pour le plaisir. Pour pouvoir participer à ce projet, ils n'auront besoin d'aucune qualification particulière, et personne ne touchera le moindre centime. Chaque participant y travaillera – dans certains cas, jusqu'à vingt ou trente heures par semaine – bénévolement. L'encyclopédie sera mise en ligne, et elle sera elle-même gratuite d'accès pour tous.

« À présent, essayez d'imaginer quelle sera la situation dans quinze ans. D'après ma boule de cristal, en 2010, une de ces deux encyclopédies sera la plus vaste et la plus populaire au monde, tandis que l'autre aura disparu. Laquelle, selon vous ? »

En 1995, je doute que vous auriez pu trouver quelque part dans le monde un seul économiste sérieux qui n'aurait pas prédit le succès de la première encyclopédie et l'échec de la seconde. Toute autre possibilité aurait été risible et contraire à la plupart des lois que ce professeur enseignait à ses étudiants. Autant demander à un zoologiste qui serait le plus rapide sur 200 mètres entre un guépard et votre beau-frère.

Bien sûr, cette armée dépareillée de bénévoles pourrait produire un certain résultat, mais qui n'aurait aucune chance de tenir la comparaison avec le produit d'une puissante compagnie qui fait du profit. Le système d'incitations était en cause, car autant Microsoft comptait tirer un bon bénéfice de la vente de son produit, autant les participants de l'autre projet savaient que le succès ne leur rapporterait rien. Plus important, les auteurs et les superviseurs du projet Microsoft étaient rémunérés, pas ceux de l'autre projet. Leur contribution à titre gracieux devait même leur coûter de l'argent, surtout si c'était au détriment du temps qu'ils auraient pu consacrer à une activité rémunérée. La question était si facile que notre économiste n'aurait même pas envisagé de l'inclure dans un sujet d'examen. La réponse était trop évidente.

Vous savez pourtant ce qui est arrivé.

Le 31 octobre 2009, Microsoft jetait l'éponge. *MSN Encarta*, son encyclopédie sur CD-ROM et en ligne, commercialisée depuis seize ans, était un échec. Wikipedia, au contraire, était déjà l'encyclopédie la plus ambitieuse et la plus prisée du monde. Huit ans seulement après son lancement, elle comptait plus de 13 millions d'articles écrits dans près de 260 langues [1] (dont 3 millions en anglais).

Que s'est-il passé ? Notre conception habituelle de la motivation humaine permet très difficilement d'expliquer ce résultat.

LE TRIOMPHE DE LA CAROTTE ET DU BÂTON

Tout type d'ordinateur, aussi bien les énormes machines des années 1960 que l'iMac sur lequel j'écris ces lignes ou le téléphone mobile qui chantonne dans votre poche, fonctionne grâce à un système d'exploitation. Derrière le clavier, l'écran et les logiciels dont vous vous servez, une couche logicielle complexe permet le bon fonctionnement de tous les éléments du système grâce à un ensemble d'instructions, de protocoles et de suppositions. En général, nous n'y pensons pas, sauf en cas de dysfonctionnement, par exemple lorsque les logiciels et les matériels qu'un système d'exploitation doit gérer deviennent trop nombreux ou trop compliqués. Nous nous en plaignons alors, jusqu'à ce que les développeurs

---

1. « Important Notice : MSN Encarta to Be Discontinued », Microsoft press release, 30 mars 2009 ; Ina Fried, « Microsoft Closing the Book on Encarta », *CNET News*, 30 mars 2009 ; « Microsoft to Shut Encarta as Free Sites Alter Market », *Wall Street Journal*, 31 mars 2009.

de systèmes nous proposent une nouvelle version plus adaptée.

Une société humaine a aussi son système d'exploitation. Les lois, les coutumes et les règles économiques auxquelles nous sommes confrontés tous les jours reposent sur un ensemble d'instructions, de protocoles et de suppositions concernant la façon dont le monde fonctionne. Le système d'exploitation de notre société repose en grande partie sur des suppositions concernant le comportement humain.

Au tout début de l'humanité – vraiment le tout début, il y a environ 50 000 ans –, les principes qui soustendaient le comportement humain étaient simples. Nos ancêtres s'efforçaient de survivre. Qu'il s'agisse de trouver de la nourriture dans la savane ou de se réfugier dans les bois quand un félin aux dents longues était dans les parages, leur comportement était guidé essentiellement par l'instinct de survie. Appelons ce système d'exploitation primitif Motivation 1.0. Il n'était pas très subtil et ne différait pas beaucoup de celui des singes rhésus, des grands singes et d'un certain nombre d'autres espèces animales, mais il était bien utile à nos ancêtres. Il a très bien fonctionné, pendant un certain temps.

À mesure que les êtres humains formaient des sociétés plus complexes dans lesquelles il était nécessaire aussi bien de coopérer en vue du bien commun que de combattre les étrangers, un système d'exploitation fondé simplement sur une pulsion biologique devenait inadéquat. Il fallait même parfois refréner cette pulsion, faute de quoi A volait le dîner de B et B volait la compagne de C. C'est ainsi que, grâce à des avancées remarquables en matière d'ingénierie culturelle, nous avons progressivement remplacé notre système par une version plus compatible avec notre nouvelle façon de travailler et de vivre.

Ce nouveau système d'exploitation, plus perfectionné, reposait sur une supposition revue et corrigée, selon laquelle l'être humain est plus que la somme de ses pulsions biologiques. La motivation biologique initiale restait importante – aucun doute à ce sujet –, mais elle ne suffisait pas à rendre compte de ce que nous étions. Il y avait un second type de motivation : nous recherchions les récompenses et nous évitions les punitions. Appelons ce système Motivation 2.0 (bien sûr, les autres espèces animales réagissent également aux récompenses et aux punitions, mais seul l'être humain s'est montré capable, à partir de ce type de motivation, de créer de nouveaux modèles économiques et sociaux).

L'exploitation de ce second type de motivation a joué un rôle essentiel dans le progrès économique dans le monde entier, surtout au cours des deux derniers siècles. Considérons la révolution industrielle. Des créations technologiques comme la machine à vapeur, le chemin de fer et l'électricité ont été fondamentales pour le développement de l'industrie, mais il en a été de même de certaines innovations moins voyantes, en particulier les travaux d'un ingénieur américain, Frederick Taylor. Au tout début du XXᵉ siècle, trouvant la gestion des entreprises inefficace et peu méthodique, Taylor inventa ce qu'il appela l'organisation scientifique du travail. C'était une forme de « logiciel » conçue d'une main experte pour fonctionner sur la plate-forme Motivation 2.0. Son invention a connu un succès fulgurant.

Selon l'approche taylorienne, les ouvriers sont pour ainsi dire les éléments d'une machine compliquée. Lorsqu'ils accomplissent correctement la tâche voulue au moment opportun, la machine fonctionne bien. Pour obtenir ce résultat, il suffit de récompenser le comportement désiré et de punir le comportement indésirable. Les gens réagissent de façon rationnelle à ces influences externes – ou motivateurs extrinsèques – et c'est profitable au système et à tous. Nous pensons généralement que ce sont le charbon et le pétrole qui ont permis le développement des pays industrialisés, mais la carotte et le bâton ont sans doute été des éléments tout aussi déterminants.

Le système d'exploitation Motivation 2.0 a très bien résisté à l'épreuve du temps. Il fait même tellement partie de nous que, le plus souvent, nous n'avons pas conscience de son existence. En effet, nous avons toujours tout organisé sur la base d'une supposition tenue pour acquise, à savoir que le meilleur moyen de progresser, d'accroître la productivité et d'encourager l'excellence consiste à récompenser celui qui fait bien et à sanctionner celui qui fait mal.

Bien que plus perfectionné et plus ambitieux que Motivation 1.0, Motivation 2.0 n'était tout de même pas très valorisant. Il reflétait l'idée que finalement, nous autres humains ne serions pas fondamentalement différents des chevaux : pour nous faire avancer dans la bonne direction, il suffirait de nous faire miroiter une carotte plus belle ou de brandir un bâton plus gros. Si le principe était grossier, le système était cependant efficace. Il aura très bien fonctionné, du moins pendant un certain temps.

Au cours du XXᵉ siècle, les systèmes économiques sont devenus de plus en plus complexes et le monde du travail a fait appel à des compétences de plus en plus pointues, si bien que l'approche Motivation 2.0 s'est heurtée à certaines résistances. Dans les années 1950, Abraham Maslow, qui avait étudié avec Harlow à l'université du Wisconsin, a développé le champ de la psychologie humaniste en remettant en question cette idée que l'être humain se comporterait simplement comme un rat en présence de stimuli positifs et négatifs. En 1960, Douglas McGregor, professeur de management au MIT (Massachusetts Institute of Technology), a insufflé les idées de Maslow dans le monde de l'entreprise. Il a remis en question le principe selon lequel l'être humain resterait fondamentalement inerte en l'absence de récompenses et de sanctions. Pour lui, les gens avaient d'autres motivations plus élevées dont les entreprises pourraient tirer parti si leurs dirigeants savaient en tenir compte. Grâce notamment aux travaux de McGregor, le monde de l'entreprise a un peu évolué. Les codes vestimentaires se sont assouplis et les horaires sont devenus moins rigides. De nombreuses entreprises ont cherché à accorder à leurs salariés davantage d'autonomie et à les aider à progresser. Ces améliorations ont permis de corriger certaines faiblesses du système, mais elles sont restées trop modestes pour représenter un changement profond et pour justifier l'appellation 2.1.

Le principe général est donc resté le même, car il était facile à comprendre et à appliquer. Cependant, entre 2000 et 2010 – une période marquée par une véritable contre-performance en matière économique, technologique et sociale –, on s'est aperçu que ce bon vieux système d'exploitation ne fonctionnait plus aussi bien. Souvent, et de façon imprévisible, il provoque des pannes et l'on est obligé de trouver des palliatifs pour s'en sortir. Surtout, il se révèle incompatible avec un certain nombre d'aspects du monde actuel de l'entreprise et si nous étudions bien ces problèmes d'incompatibilité, nous ne pourrons pas manquer de nous apercevoir que de modestes mises à jour ne sauraient les résoudre. Ce qu'il nous faut, c'est une version vraiment nouvelle.

Trois problèmes d'incompatibilité

Motivation 2.0 continue de nous rendre service dans un certain nombre de cas, mais ce n'est pas un système fiable. Parfois, le système fonctionne bien mais, souvent, il fonctionne mal. C'est en comprenant quels sont ses défauts que nous pourrons déterminer quelles parties il faut conserver et lesquelles il faut changer. On peut distinguer trois grandes catégories de problèmes. De fait, notre système d'exploitation actuel a beaucoup perdu de sa compatibilité avec notre façon d'*organiser* ce que nous faisons, de le *concevoir* et de le *faire*.

Comment nous organisons ce que nous faisons

Revenons à notre comparaison entre l'encyclopédie de Microsoft et Wikipedia. Selon les principes qui régissent Motivation 2.0, un tel résultat ne devrait même pas être possible. Le succès de Wikipedia semble défier les lois de la physique comportementale.

Si Wikipedia était le seul exemple de produit entièrement développé par des bénévoles et par des amateurs, nous pourrions le considérer comme une aberration, comme l'exception qui confirme la règle. Or, ce n'est pas le cas. Au contraire, Wikipedia est le plus fameux modèle d'entreprise du XXIᵉ siècle : l'*open source* [1].

Quand vous surfez sur Internet pour consulter vos mails ou vous acheter une paire de chaussures, peut-être utilisez-vous Firefox, un navigateur gratuit en *open source* développé presque exclusivement par des bénévoles du

---

1. NdT : on qualifie d'*open source* un logiciel ou programme informatique (le plus souvent gratuit) dont la modification et la création de travaux dérivés sont libres. Chacun peut donc contribuer à son développement et à son entretien.

monde entier. Des travailleurs qui ne sont pas rémunérés et qui font cadeau de leur produit à qui le demande ? Impensable ! Qu'est-ce qui pourrait les motiver à faire une chose pareille ? Et cependant, Firefox compte aujourd'hui plus de 150 millions d'utilisateurs.

Entrez dans le département d'informatique d'une grande société, n'importe où dans le monde, et demandez à visiter les locaux. Il se peut bien que les serveurs tournent sous Linux, un système d'exploitation qui a été développé par une armée de programmeurs non rémunérés et qui est gratuit. Aujourd'hui, dans les grandes entreprises, un serveur sur quatre tourne sous Linux. Demandez qu'on vous explique comment le site Internet de la compagnie a été conçu. Ce site fonctionne probablement grâce à Apache, un logiciel de serveur Internet gratuit et en *open source*, dont le développement et la maintenance sont assurés par un certain nombre de bénévoles éparpillés aux quatre coins du globe. La part d'Apache sur le marché des serveurs Internet des grandes entreprises est de 52 %. Ainsi, des compagnies qui motivent généralement leurs salariés par des récompenses font tourner leurs systèmes informatiques sur des logiciels développés par des gens non salariés, ni même rémunérés, et qui ne semblent pas avoir besoin de ce genre de récompenses.

Il ne s'agit pas seulement de dizaines de milliers d'applications logicielles dans le monde entier. Aujourd'hui, on trouve en *open source* des livres de cuisine, des manuels, des services de design automobile, des travaux de recherche médicale, des dossiers juridiques, des photothèques, des prothèses, des coopératives de crédit, du soda et même de la bière.

Ce nouveau mode d'organisation n'exclut pas les récompenses extrinsèques. Les gens qui y participent n'ont pas fait vœu de pauvreté. Pour nombre d'entre eux, participer à ces projets est un moyen de se faire une réputation, d'aiguiser leurs compétences et d'accroître leur valeur sur le marché du travail. Des entrepreneurs ont ainsi créé des structures nouvelles, parfois lucratives, pour aider au développement et à la maintenance des logiciels en *open source*.

Cependant, au bout du compte, et comme l'ont montré plusieurs chercheurs, l'*open source* dépend tout aussi fortement de la motivation intrinsèque que les modèles d'entreprise du passé dépendaient de la motivation extrinsèque. Karim Lakhani, professeur de management au MIT et Bob Wolf, consultant du Boston Consulting Group, ont enquêté auprès de 684 développeurs de logiciels en *open source*, principalement en Amérique du Nord et en Europe, pour savoir ce qui les incitait à participer à de tels projets. Lakhani et Wolf ont découvert un ensemble de motifs, mais ils se sont aperçus que « la motivation intrinsèque du plaisir, à savoir le sentiment d'être créatif en collaborant à ce projet, est le déterminant le plus fort et le plus durable [1] ». Une vaste majorité des analystes-programmeurs ont déclaré qu'ils atteignaient souvent cet état d'implication et de réussite optimal appelé *flow*. De même, trois économistes allemands qui ont étudié des projets d'*open source* du monde entier ont constaté que les participants étaient motivés par « un ensemble de facteurs essentiellement intrinsèques », en particulier « le plaisir [...] de relever le défi de résoudre un problème logiciel donné » et le « désir d'offrir un cadeau à la communauté des programmeurs [2] ». Motivation 2.0 cadre difficilement avec de tels élans.

---

1. Karim R. Lakhani, Robert G. Wolf, « Why Hackers Do What They Do : Understanding Motivation and Effort in Free/Open Source Software Project », *Perspectives on Free and Open Software*, sous la direction de J. Feller, B. Fitzgerald, S. Hissam, K. Lakhani, Cambridge, Massachusetts, MIT Press, 2005, p. 3, 12.

2. Jurgen Blitzer, Wolfram Schrettl, Philipp J. H. Schroeder, « Intrinsic Motivation in Open Source Software Development », *Journal of Comparative Economics*, 35, 2007, p. 17, 4.

En outre, l'*open source* n'est qu'un des moyens par lesquels les gens restructurent ce qu'ils font selon de nouvelles règles organisationnelles et sur des fondements motivationnels différents. De la programmation des logiciels, passons à la rédaction des textes de loi. En général, dans les pays développés, la loi permet essentiellement deux types d'organisations commerciales : les entreprises à but lucratif et les associations à but non lucratif. Les premières sont censées faire de l'argent, les secondes sont censées faire le bien. Dans la première catégorie, les éléments les plus importants sont les compagnies faisant appel à l'épargne publique : elles appartiennent à des actionnaires et leurs directeurs sont sous la supervision d'un conseil. La responsabilité primordiale de leurs dirigeants est de maximiser les profits des actionnaires. Les autres types d'entreprises commerciales suivent des règles analogues. Aux États-Unis, par exemple, les partenariats, les corporations, les compagnies à responsabilité limitée et les autres types d'entreprises commerciales ont toutes un objectif commun. D'un point de vue pratique, légal et d'une certaine façon moral, cet objectif est de maximiser le profit.

Permettez-moi, du fond du cœur, d'acclamer avec enthousiasme et reconnaissance ces formes d'entreprises et les pays clairvoyants qui permettent à leurs citoyens de les créer. Sans elles, notre niveau de vie serait bien moins prospère, nous serions en moins bonne santé et moins heureux. Or, depuis quelques années, plusieurs individus dans le monde sont en train de changer la recette et de mijoter de nouvelles variétés d'organisations.

Ainsi, par exemple, en avril 2008, le Vermont est devenu le premier État des États-Unis à légaliser un nouveau type d'entreprise, la société à faibles profits et responsabilité limitée (en anglais L3C : *low-profit limited liability companies*). Il s'agit bien d'une société, mais pas telle que nous avons l'habitude de la concevoir. Comme l'explique un article, une L3C « fonctionne comme une entreprise à but lucratif qui réaliserait au moins des profits modestes, mais sa principale finalité [est] de produire des bénéfices sociaux significatifs ». Trois autres États des États-Unis ont suivi l'exemple du Vermont [1]. En Caroline du Nord, par exemple, une L3C rachète des fabriques de mobilier à l'abandon, les réhabilite en faisant appel aux technologies vertes et les loue à bas prix à des fabricants de meubles en situation précaire. L'entreprise espère gagner de l'argent, mais son véritable objectif est de revivifier une région en difficulté.

Au même moment, le prix Nobel de la paix Muhammad Yunus crée ce qu'il appelle des « entreprises sociales ». Ce sont des sociétés qui se constituent un capital, développent des produits et les vendent sur un marché ouvert, mais qui le font dans le cadre d'une mission sociale de plus grande ampleur, ou comme le dit Yunus, « en remplaçant le principe de la maximisation du profit par le principe du bénéfice social ». Aux États-Unis et au Danemark, le réseau Fourth Sector essaye de promouvoir ce qu'il appelle une « *for-benefit organization* », une forme hybride d'entreprise à la fois rentable économiquement et motivée par un intérêt public (Mozilla, l'organisation à laquelle nous devons Firefox, en est un exemple). Enfin, trois entrepreneurs américains ont inventé la « B Corporation », terme désignant une entreprise qui privilégie la valeur à long terme et l'impact social plutôt que le profit économique à court terme [2].

---

1. « Vermont Governor Expected to Sign Bill on Charity-Business Hybrid », *Chronicle of Philanthropy*, News Updates, 21 avril 2008.
2. Muhammad Yunus, *Creating a World Without Poverty : Social Business and the Future of Capitalism*, New York, Public Affairs, 2007, 23 ; Aspen Institute, Fourth Sector Concept Paper, Fall, 2008 ; « B Corporation », *MIT Sloan Management Review*, 11 décembre 2008.

Naturellement, ni l'*open source* ni les entreprises « à but pas seulement lucratif », un concept d'apparition récente, ne sont encore devenus la norme, et les types d'entreprises plus traditionnels ne sont pas près d'être périmés. Cependant, leur émergence nous éclaire sur ce que sera l'avenir. « Il y a là un grand mouvement qui n'est pas encore reconnu comme mouvement », a déclaré au *New York Times* un juriste spécialisé dans ces nouveaux types d'organisation [1]. Une raison à cela pourrait être que les entreprises traditionnelles maximisent le profit, ce qui cadre parfaitement avec Motivation 2.0. À l'inverse, ces nouvelles entités maximisent *l'objet*, et cela ne cadre pas avec notre système d'exploitation vieillot dont les principes mêmes sont alors remis en cause.

Comment nous concevons nos actions

Au début des années 1980, dans mes premiers cours d'économie, le professeur – une oratrice brillante et qui avait du charisme – avait tenu, avant de tracer au tableau sa première courbe d'indifférence, à clarifier la notion d'économie. Elle nous avait expliqué que l'économie n'était pas l'étude de l'argent mais l'étude du comportement des individus. Chacun de nous, tout au long de sa journée, évalue les coûts et les avantages de ses actes et prend ses décisions en conséquence. Les économistes étudient nos actes plutôt que nos paroles, car nous agissons au mieux de nos intérêts. Nous calculons et nous nous comportons de façon rationnelle.

Dans mes études de droit, quelques années plus tard, j'ai retrouvé ce genre d'idée. Selon un courant du droit

---

1. Stephanie Strom, « Businesses Try to Make Money and Save the World », *New York Times*, 6 mai 2007.

et de l'économie à la mode à cette époque, c'est précisément parce que nous nous comportons de façon si égoïste et si calculatrice que les lois et la réglementation ont tendance à empêcher plutôt que permettre des résultats justes. Si j'ai survécu à la faculté de droit, c'est en grande partie parce que j'ai découvert une formule magique que j'ai insérée dans les copies d'examen : « Dans un monde d'information parfaite et où les coûts de transaction sont faibles, les individus négocient un résultat qui maximise la richesse. »

Une dizaine d'années plus tard, la suite des événements ayant pris un tour étrange, j'ai été amené à remettre en question ce qu'il m'avait coûté tant d'efforts et d'argent d'apprendre. En 2002, le prix Nobel d'économie a été décerné à quelqu'un qui n'était même pas économiste. S'il a reçu la plus haute distinction dans cette discipline, c'est en grande partie pour avoir révélé que nous n'agissions pas toujours selon un calcul économique rationnel et égoïste et que tout ne convergeait pas toujours vers la maximisation de la richesse. Daniel Kahneman, ce psychologue américain qui a obtenu le prix Nobel d'économie pour ses travaux réalisés en collaboration avec l'Israélien Amos Tversky, a contribué à faire évoluer notre vision du comportement humain, et cette nouvelle façon de penser implique une remise en question d'un certain nombre des hypothèses sur lesquelles repose Motivation 2.0.

Kahneman et ses collègues spécialistes en économie comportementale rejoignent mon professeur pour qui l'économie consistait à étudier le comportement humain. Simplement, ils pensent que l'on avait trop mis l'accent sur l'économie et pas assez sur l'humain. Cet individu calculateur au comportement hyperrationnel ne correspondait pas à la réalité. Ce n'était qu'une fiction bien commode.

Pour tenter d'illustrer mon idée, je vous propose un jeu. Supposons que quelqu'un m'ait donné 10 euros, à partager avec vous selon les règles qui vont suivre. Si vous acceptez ma proposition, nous partagerons cet argent. Si vous la refusez, ni vous ni moi ne toucherons rien. À présent, si je vous propose 6 euros (ce qui signifie que j'en garderai quatre pour moi), les acceptez-vous ? Très probablement. Si je ne vous en propose que cinq, vous accepterez aussi, probablement. Mais si je vous propose seulement 2 euros ? Lors d'une expérience répétée un peu partout dans le monde, la plupart des sujets ont refusé les offres inférieures à 3 euros [1]. Du point de vue de la maximisation de la richesse, c'est pourtant insensé. En acceptant mon offre de 2 euros, vous vous retrouveriez plus riche de 2 euros, tandis qu'en la refusant, vous n'obtiendriez rien du tout. Votre calculateur cognitif sait parfaitement que deux est plus grand que zéro, mais comme vous êtes un être humain, ce critère passe chez vous au second plan par rapport à votre notion de ce qui est juste et équitable, à votre désir de vengeance ou à votre simple irritation.

Dans la réalité, notre comportement est bien plus complexe que ce qu'un livre scientifique peut décrire et il contredit bien souvent l'idée selon laquelle nous serions des êtres rationnels. Nous n'épargnons pas assez pour notre retraite, bien qu'il soit évidemment dans notre intérêt de le faire. Nous maintenons trop longtemps de mauvais investissements, car plutôt que d'accepter de perdre de l'argent, nous préférons espérer récupérer au moins la totalité de notre mise. Quand on nous propose deux modèles de téléviseurs, nous en choisissons un, mais si une troisième option non pertinente

---

1. Colin Camerer, « Behavioral Economics : Reunifying Psychology and Economics », *Proceedings of the National Academy of Sciences*, 96, septembre 1999, 10576.

se présente, nous choisissons l'autre. En un mot, nous sommes irrationnels. Nous sommes même d'une irrationalité prévisible aux dires de Dan Ariely, l'auteur d'un livre intitulé *Predictably Irrational* (Irrationnel de façon prévisible) qui offre un aperçu intéressant et amusant de l'économie comportementale.

Le problème, en ce qui nous concerne, est que selon les suppositions de Motivation 2.0, nous serions ces mêmes machines qui maximisent le profit dont on me parlait à l'université il y a une vingtaine d'années. Le principe même des motivations extrinsèques est que nous y réagirons toujours de façon rationnelle. Or, de plus en plus d'économistes n'y croient plus. De telles incitations sont parfois efficaces, mais elles ne le sont souvent pas et elles entraînent même des dégâts collatéraux. En résumé, la nouvelle conception de notre comportement développée par les économistes est difficilement conciliable avec Motivation 2.0.

En outre, même si nous agissons comme nous le faisons pour des raisons qui ne tiennent pas la route, pourquoi n'agirions-nous pas également pour des raisons d'auto-actualisation [expression inventée par Kurt Goldstein – NdT] ? Si nous sommes irrationnels de façon prévisible, et il est clair que c'est le cas, pourquoi ne pourrions-nous pas également, de façon prévisible, être transcendants ?

Si cela semble tiré par les cheveux, considérons certains autres aspects bizarres de notre comportement. Nous renonçons à un emploi lucratif pour un emploi moins bien payé mais dans lequel nous nous sentons davantage valorisés. Nous consacrons des heures à essayer de maîtriser un instrument de musique bien que nous ayons très peu d'espoir que cela puisse nous apporter un jour le moindre bénéfice matériel (Motivation 2.0) ou que cela nous permette de rencontrer le conjoint idéal

(Motivation 1.0). Nous jouons avec des puzzles dont la résolution ne nous fera jamais gagner un centime.

Certains chercheurs élargissent déjà le champ d'étude de l'économie comportementale pour y englober ces notions. Le plus remarquable est Bruno Frey, économiste à l'université de Zurich. À l'instar des économistes du comportement, il affirme qu'il faut dépasser l'idée de l'*Homo œconomicus* (l'homme économique, ce robot imaginaire qui maximise sa richesse). Cependant, il donne à ce dépassement une orientation légèrement différente, vers ce qu'il appelle l'*Homo œconomicus maturus*, plus « mature » en raison d'une structure motivationnelle plus subtile. En d'autres termes, pour bien comprendre le comportement économique de l'être humain, il s'agit d'assimiler une idée qui est en contradiction avec Motivation 2.0. Selon Frey, « la motivation intrinsèque revêt une *grande importance* pour toute activité économique. Il est inconcevable que les gens soient motivés uniquement ou même principalement par des incitations extérieures [1] ».

Comment nous agissons

Vous encadrez d'autres personnes ? Jetez un coup d'œil rapide par-dessus votre épaule, vous apercevrez un fantôme. Il s'appelle Frederick Taylor (déjà mentionné précédemment, vous vous souvenez ?) et il vous chuchote à l'oreille : « Le travail est principalement constitué de tâches simples et pas particulièrement intéressantes.

---

1. Bruno S. Frey, *Not Just for the Money : An Economic Theory of Personal Motivation*, Brookfield, Vermont, Edward Elgar, 1997, p. 118-119, ix. Voir aussi Bruno S. Frey et Alois Stutzer, *Happiness and Economics : How the Economy and Institutions Affect Well-being*, Princeton, New Jersey, Princeton University Press, 2002.

La seule façon d'obtenir des gens qu'ils les exécutent est de les y inciter correctement et de les surveiller attentivement. » Au tout début du XXe siècle, Taylor avait raison. De nos jours, dans une grande partie du monde, ce qu'il disait a perdu de sa validité. Si beaucoup de gens doivent aujourd'hui encore se contenter d'exécuter des tâches définies par d'autres, sans avoir leur mot à dire, on constate toutefois que le nombre d'emplois qui sont devenus plus complexes, plus intéressants et plus propices à l'épanouissement personnel a considérablement augmenté. Cette évolution remet directement en cause les suppositions de Motivation 2.0.

Considérons la complexité de nos tâches. Les spécialistes du comportement classent souvent nos activités scolaires ou professionnelles selon deux catégories, les activités « algorithmiques » et les activités « heuristiques ». Une tâche algorithmique consiste à suivre une série d'instructions selon un processus aboutissant à une conclusion unique. C'est donc une tâche assimilable à un problème qu'un algorithme permet de résoudre. Une tâche heuristique, c'est le contraire : il n'existe aucun algorithme et il s'agit d'expérimenter les possibilités pour définir une nouvelle solution. Le travail d'un caissier relève essentiellement de la première catégorie, puisqu'il consiste à répéter les mêmes processus d'une façon déterminée. Au contraire, la conception d'une campagne publicitaire relève principalement de la seconde, puisqu'il s'agit de créer quelque chose de nouveau.

Au cours du XXe siècle, le travail était la plupart du temps de nature algorithmique, pas seulement pour ceux qui devaient visser les mêmes boulons toute la journée. Même les tâches quotidiennes étaient bien souvent routinières. Que ce soit dans la comptabilité, le droit, l'analyse-programmation ou ailleurs, une grande partie du travail consistait à suivre des instructions, un programme, une formule ou une série d'étapes permettant de produire le résultat correct. Aujourd'hui, cependant, en Amérique du Nord comme en Europe occidentale, au Japon, en Corée du Sud et en Australie, le travail mécanique simple est en train de disparaître. Il est délocalisé là où il peut être accompli au plus faible coût. En Inde, en Bulgarie, aux Philippines et ailleurs, pour un maigre salaire, on applique un algorithme sur un ordinateur pour produire le résultat correct et le transmettre instantanément au donneur d'ordre qui se trouve à des milliers de kilomètres de là.

Cependant, la délocalisation n'est qu'une forme de pression qui concerne un type de travail mécanique, sollicitant le cerveau gauche. De même que les bœufs puis les machines ont remplacé l'effort physique de l'homme, les ordinateurs le remplacent aujourd'hui dans les tâches intellectuelles simples. Par conséquent, alors que la délocalisation ne fait que commencer à prendre de l'ampleur, l'informatique peut déjà accomplir un certain nombre de fonctions de façon plus sûre, plus rapide et moins coûteuse que l'homme. Prenons pour exemple votre cousin qui est comptable. Si son travail consiste principalement à effectuer des tâches routinières, il se retrouve donc en concurrence non seulement avec des comptables payés 300 euros par mois à Manille, mais aussi avec des logiciels de comptabilité ou de calcul d'impôt que n'importe qui peut télécharger pour 20 euros. D'après le cabinet de consultants McKinsey & Co, les tâches algorithmiques ne représentent plus que 30 % de la croissance des emplois aux États-Unis, contre 70 % pour les tâches heuristiques [1]. Une des principales raisons à

---

1. Bradford C. Johnson, James M. Manyika, Lareina A. Yee, « The Next Revolution in Interaction », *McKinsey Quarterly* 4ᵉ trimestre 2005, p. 25-26.

cela est que les tâches routinières peuvent être délocalisées ou automatisées, contrairement aux autres [1].

En termes de motivation, les implications sont diverses. Des chercheurs comme Teresa Amabile, de la Harvard Business School, ont constaté que les récompenses et les sanctions externes – la carotte et le bâton – pouvaient être très efficaces dans le cas des tâches algorithmiques, mais catastrophiques dans le cas des tâches heuristiques. La résolution d'un problème nouveau ou la création de quelque chose dont le monde ignorait jusqu'alors qu'il en avait besoin dépendent fortement du troisième type de motivation envisagé par Harlow. Teresa Amabile parle de principe de motivation intrinsèque à créer : « La motivation intrinsèque est propice à la créativité [2]. » En d'autres termes, les principales hypothèses de Motivation 2.0 peuvent même compromettre l'efficacité des activités heuristiques, celles qui mobilisent le cerveau droit et dont dépendent les économies modernes.

C'est en partie parce que le travail est devenu plus créatif et moins routinier qu'il est devenu plus agréable. Voilà qui contribue aussi à faire vaciller les hypothèses de Motivation 2.0, un système d'exploitation qui reposait sur l'idée que le travail ne serait pas agréable par nature, d'où la nécessité des récompenses et des sanctions extérieures. De façon inattendue, le psychologue Mihaly Csikszentmihalyi, que nous retrouverons au chapitre 6, a constaté que les gens faisaient bien plus souvent état d'expériences « optimales » dans leur travail que dans

---

1. Le lecteur attentif aura pu se souvenir de ce que j'ai écrit sur ce sujet dans *L'Homme aux deux cerveaux*, Robert Laffont, 2007.

2. Teresa M. Amabile, *Creativity in Context*, Boulder, Colorado, Westview Press, 1996, p. 119. Teresa Amabile dit aussi qu'utilisés correctement et prudemment, les motivateurs extrinsèques peuvent permettre la créativité : un point que j'étudie plus en détail au chapitre 2.

leurs loisirs. Or, si le travail est par nature agréable pour de plus en plus de monde, les stimulations extérieures qui sont au cœur de Motivation 2.0 deviennent moins nécessaires. Pire, comme Deci avait commencé à le découvrir il y a quarante ans, des récompenses extrinsèques proposées pour des tâches par nature intéressantes peuvent souvent compromettre la motivation des gens et réduire leur performance.

Une fois de plus, des principes apparemment inébranlables commencent à vaciller. Prenons l'exemple de l'entreprise américaine Vocation Vacations. Elle propose aux gens de dépenser leur argent durement gagné… pour travailler sur un autre emploi. Ils doivent alors consacrer leur période de congé à tester leur aptitude à exercer une autre activité, comme être chef cuisinier, tenir un magasin de vélos ou gérer un refuge pour animaux. L'émergence de ce type d'entreprise laisse penser que le travail, toujours considéré par les économistes comme une « désutilité » (une chose que nous évitons sauf si nous recevons une compensation matérielle en retour), est en train de devenir une « utilité » (une chose que nous sommes susceptibles de rechercher même en l'absence de toute forme de rémunération tangible).

Enfin, le travail étant censé être ennuyeux, Motivation 2.0 suppose la nécessité de surveiller les gens pour éviter qu'ils se dérobent à leurs obligations. Cette idée aussi commence à perdre de sa pertinence et de sa viabilité. Songeons par exemple que les États-Unis à eux seuls comptent maintenant plus de 18 millions de ce que les services de recensement appellent les « entreprises nonemployeuses » : des entreprises qui n'ont aucun salarié. Les gens qui y travaillent n'ont aucun subordonné, ils n'ont donc personne à encadrer ni à motiver. Cependant, comme ils n'ont pas non plus de patron, ils n'ont personne pour les encadrer ni pour les motiver. Il faut qu'ils soient autonomes.

Il en est de même de certains qui, techniquement, ne travaillent pas pour leur propre compte. Aux États-Unis, 33,7 millions de personnes font du télétravail au moins un jour par mois, et 14,7 millions tous les jours. Une part importante de la force de travail n'est plus sous la surveillance d'un supérieur. Toutes ces personnes sont donc obligées d'être autonomes dans leur travail [1]. De nombreuses entreprises et administrations n'ont pas opté pour ce genre de mesure, mais elles diminuent leur masse salariale pour réduire leurs coûts et deviennent moins hiérarchisées. Les dirigeants doivent ainsi superviser un plus grand nombre d'individus, qu'ils peuvent donc moins étroitement contrôler.

Puisqu'elles réduisent leur personnel, les entreprises ont besoin de trouver une main-d'œuvre qui soit motivée. Elles en arrivent ainsi à ressembler davantage à Wikipedia, par exemple. Personne ne « dirige » les « wikipédiens ». Personne ne se demande comment les « motiver ». C'est bien ce qui fait la réussite de Wikipedia. Un travail routinier et peu intéressant suppose une direction, mais un travail intéressant et peu routinier suppose de l'autonomie. Un homme d'affaires éminent qui ne souhaite pas que son nom soit mentionné a expliqué que dans les entretiens de recrutement qu'il faisait passer, il disait au candidat : « Si vous avez besoin que je vous motive, je ne suis pas disposé à vous engager. »

Pour résumer, Motivation 2.0 présente trois problèmes de compatibilité. Il ne cadre pas avec la façon dont nombre de nouveaux modèles d'entreprise décrivent le

---

1. Telework Trendlines 2009, données collectées par le Dieringer Research Group, publiées par WorldatWork, février 2009.

comportement humain. En effet, nous ne maximisons pas seulement le profit en raison d'une motivation extrinsèque, nous maximisons aussi la finalité en vertu d'une motivation intrinsèque. Motivation 2.0 ne correspond pas non plus à la conception qu'ont de notre comportement les économistes du XXIe siècle. En effet, ils ont fini par se rendre compte que nous étions des êtres humains et non des robots. Enfin, et c'est peut-être le plus important, Motivation 2.0 est difficilement conciliable avec une grande partie de notre activité, sachant que pour un nombre croissant de gens, le travail est souvent créatif, intéressant et propice à l'autonomie plutôt que routinier, ennuyeux et dirigé par autrui. Pris ensemble, ces problèmes de compatibilité nous indiquent que dans notre système d'exploitation motivationnel, quelque chose va de travers.

Cependant, pour savoir précisément de quoi il s'agit et en guise d'étape essentielle dans l'élaboration d'un nouveau système, nous devons examiner les bugs.

2

SEPT RAISONS POUR LESQUELLES LA CAROTTE ET LE BÂTON SONT (SOUVENT) INEFFICACES...

Tout corps persévère dans l'état de repos ou de mouvement uniforme en ligne droite dans lequel il se trouve, à moins que quelque force n'agisse sur lui, et ne le contraigne à changer d'état.

C'est la première loi du mouvement de Newton. À l'instar de ses autres lois, elle est élégante et simple, et c'est ce qui fait sa force. Même des gens qui, comme moi, ont eu des difficultés avec la physique au lycée, sont capables de la comprendre et de l'appliquer pour interpréter l'univers.

Il en est de même de Motivation 2.0, qui repose sur deux idées simples et élégantes : une récompense encourage une activité ; une punition la décourage.

De la même manière que les principes de Newton peuvent nous permettre d'expliquer notre environnement physique ou de prévoir la trajectoire d'un ballon, les principes de Motivation 2.0 peuvent nous permettre de comprendre notre environnement social et de prédire la trajectoire du comportement humain.

Cependant, la physique newtonienne devient problématique au niveau subatomique. Dans cet univers de hadrons, de quarks et du chat de Schrödinger, les choses deviennent bizarres. La froide rationalité d'Isaac Newton cède le pas à l'étrange imprévisibilité de Lewis Carroll (l'auteur d'*Alice au pays des merveilles*). Là encore, il en est de même avec Motivation 2.0. Quand les récompenses et les punitions se trouvent confrontées à la rencontre du troisième type de motivation, on observe des choses aussi étranges que pour la mécanique quantique.

Naturellement, le point de départ de toute discussion sur la motivation au travail est une simple évidence : les gens ont besoin de gagner leur vie. Un salaire, un paiement contractuel, quelques avantages et quelques primes sont ce que j'appellerai des « gratifications de base ». Quand ces gratifications de base sont inadéquates ou inéquitables, l'individu se préoccupe de l'injustice de sa situation. La prévisibilité de la motivation extrinsèque disparaît alors, tout comme le curieux effet de la motivation intrinsèque. Il n'y a pratiquement plus de motivation qui tienne.

Cependant, passé ce seuil, la carotte et le bâton peuvent aboutir précisément au *contraire* de l'objectif projeté. Les mécanismes qui devaient renforcer la motivation peuvent la décourager. Des méthodes visant à stimuler la créativité peuvent la réduire. Des programmes pour promouvoir les bonnes actions peuvent les inhiber. Dans le même temps, au lieu de restreindre les comportements négatifs, les récompenses et les punitions peuvent souvent les libérer et favoriser la triche, l'accoutumance et une pensée dangereusement myope.

C'est un phénomène curieux, et qui ne se produit pas dans toutes les circonstances (plus de détails après ce chapitre). Cependant, comme le montre l'expérience d'Edward Deci avec le puzzle Soma (voir p. 22), des méthodes dont l'efficacité est considérée comme allant de soi peuvent souvent produire des résultats contraires à l'intuition : nous pouvons obtenir moins de ce que nous voulons, et davantage de ce que nous ne voulons pas. Ce sont là les bugs de Motivation 2.0, et ils se déclenchent fatalement de temps à autre, en fonction des circonstances que j'évoque dans ce livre.

UNE RÉCOMPENSE PERMET-ELLE D'OBTENIR TOUT CE QUE L'ON VEUT ?

On peut trouver une importante leçon de motivation humaine dans une des scènes les plus inoubliables de la littérature américaine. Au chapitre 2 des *Aventures de Tom Sawyer*, de Mark Twain, Tom se voit assigner par sa tante Polly la tâche ennuyeuse de blanchir à la chaux trente mètres de palissade. Le moins qu'on puisse dire est que cela ne l'enthousiasme pas : « La vie n'était plus qu'un lourd fardeau. »

Mais voilà que « soudain, au beau milieu de son désespoir, il eut un trait de génie ». Alors que son copain Ben, passant par là, commence à se moquer de son triste sort, Tom entreprend de donner le change en lui faisant croire que la possibilité de passer du lait sur une palissade de chaux est à ses yeux un privilège : autant dire que c'est une source de motivation intrinsèque. Il se montre passionné par ce travail au point de refuser de laisser Ben peindre lui-même un petit moment, lorsque celui-ci le lui demande. Tom continue de refuser de céder, jusqu'à ce que Ben lui offre finalement sa pomme en échange de cette faveur.

Bientôt arrivent d'autres garçons qui vont eux aussi tomber dans le piège de Tom et finalement badigeonner eux-mêmes la palissade à sa place, jusqu'à la couvrir d'une triple couche. Mark Twain tire une règle de motivation essentielle de cet épisode, à savoir « que travailler c'est faire tout ce qui nous est imposé, et s'amuser exactement l'inverse ». Twain ajoute : « Il y a en Angleterre des messieurs fort riches qui conduisent chaque jour des diligences attelées à quatre chevaux parce que ce privilège leur coûte les yeux de la tête, mais si jamais on leur offrait de les rétribuer, ils considéreraient qu'on veut les faire travailler et ils démissionneraient [1]. »

En d'autres termes, une récompense peut avoir un effet inattendu sur le comportement du sujet : elle peut transformer une tâche intéressante en besogne ennuyeuse. D'un jeu, elle peut faire un labeur. En réduisant la motivation intrinsèque, elle peut faire disparaître la performance, la créativité et même le savoir-vivre et la distinction. Appelons cela l'effet Sawyer [2]. Une série d'expériences fascinantes réalisées dans le monde entier permet de distinguer les quatre domaines dans lesquels cet effet apparaît et de mettre en évidence, là encore, le décalage entre ce que savent les scientifiques et ce que font les professionnels.

L'importance de la motivation intrinsèque

Cela fait une quarantaine d'années que les spécialistes du comportement connaissent l'effet Sawyer, même s'ils ne l'ont jamais désigné par ce terme. En effet, ils font référence aux conséquences involontaires des motivations extrinsèques et ont ainsi parlé de « coûts cachés des récompenses ». Il s'agit même du titre du premier ouvrage publié sur ce sujet en 1978, un travail de recherche des psychologues Mark Lepper et David Greene.

---

1. Mark Twain, *The Adventures of Tom Sawyer*, New York, Oxford University Press, 1998, p. 23.
2. La définition de l'effet Sawyer est à double sens : il s'agit des méthodes qui peuvent soit transformer un jeu en travail, soit transformer un travail en jeu.

Une des premières études de Lepper et Greene (réalisée avec un troisième chercheur, Robert Nisbett) est devenue un classique et un des articles les plus cités parmi les travaux consacrés à la motivation. Ces trois chercheurs ont étudié pendant plusieurs jours une classe d'école maternelle et se sont intéressés plus particulièrement aux enfants qui choisissaient de consacrer au dessin le « temps libre » dont ils disposaient pour jouer. Ils ont conçu une expérience pour voir ce qui se produirait si l'on récompensait une activité à laquelle il était évident que ces enfants s'adonnaient spontanément par plaisir.

Les chercheurs ont divisé les enfants en trois groupes. Le premier groupe était celui des enfants auxquels on faisait miroiter une récompense. On leur montrait une décoration garnie d'un ruban bleu et sur laquelle le nom de chacun serait inscrit, la condition pour l'obtenir étant de dessiner. Le deuxième groupe était constitué des enfants qui recevraient une récompense mais sans qu'on leur ait dit avant. On leur proposait simplement de dessiner. À la fin de la séance, ceux qui avaient fait des dessins recevaient une distinction. Le troisième groupe comprenait les enfants qui ne recevraient aucune récompense. On leur proposait de dessiner, mais sans leur faire miroiter quoi que ce soit et sans les récompenser à la fin.

Deux semaines plus tard, les chercheurs sont revenus observer les enfants sans être vus pendant que du matériel de dessin était mis à leur disposition. Les enfants qui avaient fait partie du deuxième et du troisième groupe ont alors montré le même entrain pour dessiner qu'avant l'expérience, mais ceux du premier groupe, ceux qui s'étaient attendus à recevoir une récompense et qui l'avaient reçue, ont manifesté un intérêt nettement moins marqué pour cette activité et ont dessiné bien moins longtemps [1]. L'effet Sawyer s'est vérifié. Même après deux semaines, à cause de ces récompenses appréciées, si courantes dans les écoles maternelles et ailleurs, le jeu était devenu un travail.

En réalité, ce ne sont pas nécessairement les récompenses qui ont fait diminuer l'intérêt des enfants pour une activité donnée. Il ne faut pas oublier que la récompense n'a pas eu d'effet notable sur la motivation intrinsèque des enfants qui ne s'attendaient pas à être récompensés. Seule la récompense *conditionnelle* (si tu fais ceci, tu obtiendras cela) a eu un effet négatif. Pourquoi ? En agissant pour obtenir une récompense, l'individu renonce en partie à son autonomie. À l'instar des gentlemen qui conduiraient leurs diligences pour gagner de l'argent plutôt que pour leur plaisir, il n'exerce plus un contrôle total sur le cours de sa propre existence. C'est ce qui peut compromettre sa motivation et ôter à son activité son côté plaisant.

Lepper et Greene ont reproduit ces résultats lors de plusieurs expérimentations successives effectuées sur des enfants. Par la suite, d'autres chercheurs ont obtenu des résultats similaires avec des adultes. À chaque fois, ils ont constaté que les récompenses extrinsèques, et surtout attendues et conditionnelles, faisaient disparaître le troisième type de motivation.

Ces avancées étaient si controversées (elles remettaient en question ce qui était habituellement pratiqué dans la plupart des entreprises et des établissements d'enseignement) qu'en 1999, Deci et deux de ses collègues ont décidé d'analyser trente ans d'études sur ce sujet pour en

---

1. Mark Lepper, David Greene, Robert Nisbett, « Undermining Children's Intrinsic Interest with Extrinsic Rewards : A Test of the "Overjustification" Hypothesis », *Journal of Personality and Social Psychology*, 28, n° 1, 1973, p. 129-137.

confirmer les conclusions. « L'examen minutieux des effets des récompenses observés dans 128 expérimentations aboutit à la conclusion que des récompenses tangibles exercent généralement un effet substantiellement négatif sur la motivation intrinsèque », notent-ils. « Quand des institutions – famille, écoles, entreprises ou équipe de sport, par exemple – privilégient le court terme et optent pour le contrôle du comportement des gens », cela provoque des dégâts considérables à long terme [1].

Essayez d'inciter un enfant à apprendre les mathématiques en le rémunérant pour chaque cahier d'exercices terminé, et il est presque certain qu'il y mettra plus d'entrain à court terme mais qu'il se désintéressera des mathématiques à long terme. Adressez-vous à un dessinateur industriel qui aime son travail et tentez d'obtenir qu'il fasse mieux encore en liant sa rémunération à un produit performant : de façon presque certaine, il redoublera d'efforts à court terme, après quoi il se désintéressera de plus en plus de ce travail. Comme l'explique un ouvrage de référence dans le domaine des sciences du comportement, « on recourt à des récompenses pour tirer profit de la motivation accrue d'autrui, mais ce faisant, on induit souvent un coût involontaire et caché en compromettant la motivation intrinsèque de cette personne pour cette activité [2] ».

C'est là une des découvertes les plus certaines des sciences sociales, mais aussi une des plus ignorées.

---

1. Edward L. Deci, Richard M. Ryan, Richard Koestner, « A Meta-Analytic Review of Experiments Examining the Effects of Extrinsic Rewards on Intrinsic Motivation », *Psychological Bulletin*, 125, n° 6, 1999, p. 659.

2. Jonmarshall Reeve, *Understanding Motivation and Emotion*, 4e éd., Hoboken, New Jersey, John Wiley & Sons, 2005, p. 143.

Malgré les travaux d'une poignée de vulgarisateurs passionnés comme Alfie Kohn (dont l'ouvrage visionnaire *Punished by Rewards* [Punis par nos récompenses] publié en 1993 est une condamnation accablante des incitations extrinsèques), nous persistons à tenter de motiver les gens de cette manière. Peut-être avons-nous peur de renoncer à Motivation 2.0, malgré ses lacunes évidentes. Peut-être avons-nous des difficultés à nous faire à la mécanique quantique particulière de la motivation intrinsèque.

Ou bien peut-être avons-nous une meilleure raison de résister au changement. Même si ces récompenses déterministes et assujettissantes activent l'effet Sawyer et étouffent le troisième type de motivation, on peut penser qu'elles permettent globalement d'obtenir un meilleur résultat. Dans ce cas, ce système ne serait pas si mauvais. Posons-nous donc la question : les récompenses extrinsèques stimulent-elles la performance ? Quatre économistes sont allés chercher la réponse en Inde.

La récompense favorise-t-elle l'excellence ?

Une des difficultés que présentent les expériences de laboratoire destinées à tester l'impact des motivateurs extrinsèques comme l'argent est leur coût. Quand on décide d'encourager les participants en les payant, il est nécessaire de leur verser des sommes significatives. Aux États-Unis et en Europe, où le niveau de vie est élevé, une somme significative pour un individu multipliée par plusieurs dizaines de participants représente une dépense difficilement renouvelable pour les chercheurs.

C'est en partie pour pallier ce problème que quatre économistes, parmi lesquels Dan Ariely dont j'ai parlé dans le chapitre précédent, ont installé un atelier à Madurai, en Inde, afin d'y évaluer les effets des incitations extrinsèques sur la performance. Le coût de la vie dans les régions rurales de l'Inde étant considérablement inférieur à celui d'Amérique du Nord, les chercheurs ont pu proposer des récompenses substantielles aux participants.

Ils ont sélectionné 87 participants et leur ont demandé de jouer à différents jeux faisant appel à des aptitudes motrices, à la créativité ou à la concentration. Les participants devaient par exemple lancer des balles de tennis sur une cible, déchiffrer des anagrammes ou mémoriser une série de chiffres. Pour tester le pouvoir des incitations, les chercheurs leur ont proposé une récompense pour un niveau de performance donné, mais en variant la récompense selon les participants.

Pour un tiers des participants, atteindre un certain résultat rapportait une petite récompense de 4 roupies (soit environ 30 centimes d'euro à l'époque, cela représentait un jour de salaire à Madurai). Pour un tiers, la même performance rapportait une récompense de 40 roupies (soit 3 euros ou deux semaines de salaire). Enfin, pour le troisième tiers des participants, la récompense était très importante, 400 roupies (soit environ 30 euros ou près de cinq mois de salaire).

Qu'a-t-on pu observer ? La performance a-t-elle été fonction de la récompense ?

Elle l'a été, mais pas dans le sens que l'on pourrait penser. Les participants qui pouvaient obtenir la récompense intermédiaire n'ont pas fait mieux que ceux qui pouvaient obtenir la plus faible récompense. Quant aux participants auxquels une magnifique récompense de quatre cents roupies était promise, ce sont eux qui ont de loin réussi le moins bien les épreuves. En reportant les résultats pour la Federal Reserve Bank of Boston, les chercheurs ont noté : « Pour huit des neuf tâches que nous avons étudiées à travers les trois expériences, les plus fortes incitations ont abouti aux *plus mauvaises* performances[1]. »

Revenons un instant sur cette conclusion. Quatre économistes, dont deux du MIT, un de Carnegie Mellon et un de l'université de Chicago réalisent une étude pour la Réserve fédérale qui est un des plus importants acteurs économiques du monde. Apparemment, au lieu de confirmer un principe économique simple, ils l'infirment. Les chercheurs américains ne sont pas les seuls à parvenir à ces conclusions contraires aux idées reçues. En 2009, des chercheurs de la London School of Economics, qui a tout de même produit onze lauréats du prix Nobel, ont analysé 51 études relatives à des systèmes de rémunération à la performance dans les grandes entreprises et ont conclu ceci : « Nous observons que les incitations financières […] peuvent avoir un impact négatif sur la performance globale[2]. » Ainsi donc, des deux côtés de l'Atlantique, le fossé entre ce que la science enseigne et ce que l'entreprise pratique est abyssal.

D'après Ariely et ses collègues, « un certain nombre d'institutions existantes pratiquent de très fortes incitations pour le type exact de tâche que nous avons utilisé ici. Nos résultats remettent en question [cette] hypothèse. Notre expérience indique […] qu'il n'est pas possible de considérer qu'introduire ou accroître des incitations améliore la performance. » Dans bien des cas,

---

1. Dan Ariely, Uri Gneezy, George Lowenstein, Nina Mazar, « Large Stakes and Big Mistakes », *Federal Reserve Bank of Boston Working Paper N° 05-11*, 23 juillet 2005. On trouvera aussi un résumé très bref de cet article et d'autres travaux dans Dan Ariely, « What's the Value of Big Bonus ? », *New York Times*, 20 novembre 2008.
2. « LSE : When Performance-Related Pay Backfires », *Financial*, 25 juin 2009.

les incitations conditionnelles – ce principe élémentaire selon lequel les entreprises s'efforcent de motiver leur personnel – peuvent même devenir des « propositions vaines ».

Bien entendu, quoi que certains auteurs puissent en penser, rares sont ceux d'entre nous qui consacrent leurs heures de travail à lancer des balles de tennis ou à résoudre des anagrammes. Qu'en serait-il de tâches plus créatives comme celles auxquelles nous nous consacrons réellement dans notre vie professionnelle ?

La récompense favorise-t-elle la créativité ?

Pour un test rapide des capacités de résolution de problèmes, peu d'exercices conviennent aussi bien que le « problème de la bougie ». Conçu dans les années 1930 par le psychologue Karl Duncker, le problème de la bougie est utilisé dans une grande variété d'expériences comportementales. Lisez ce qui suit et cherchez la solution avant de regarder la seconde image.

Vous êtes assis devant une table adossée à une cloison en bois et un scientifique vous donne le matériel illustré ci-dessous : une bougie, des punaises et des allumettes.

Votre tâche consiste à fixer la bougie au mur de telle sorte que la cire ne coule pas sur la table. Réfléchissez un moment à la façon dont vous pourriez résoudre ce problème. Bien souvent, les gens commencent par essayer de faire tenir la bougie contre le mur, mais en vain. Certains craquent une allumette, font fondre le côté de la bougie et essaient de la coller au mur. Cela ne fonctionne pas non plus. Mais au bout de cinq à dix minutes, la plupart des gens trouvent la solution, telle qu'elle est représentée ci-dessous.

Il s'agit d'aller au-delà de ce que l'on appelle la « rigidité fonctionnelle » qui consiste, en regardant la boîte, à

Le problème de la bougie.

ne penser qu'à une fonction : son rôle de contenant pour les punaises. Si l'on s'efforce de penser autrement, on finit par se rendre compte que la boîte peut remplir une autre fonction, celle d'un support pour la bougie. Pour reprendre les termes utilisés dans le chapitre précédent, la solution n'est pas algorithmique (suivre un processus défini) mais heuristique (sortir des sentiers battus pour découvrir une nouvelle méthode).

Que se passe-t-il quand on confronte une personne à un défi conceptuel comme celui-ci tout en lui promettant une récompense si elle trouve rapidement une solution ? Sam Glucksberg, un psychologue qui travaille actuellement à

Le problème de la bougie résolu.

l'université de Princeton, avait fait le test il y a quelques dizaines d'années en chronométrant le temps qu'il fallait à deux groupes de participants pour résoudre le problème de la bougie. Il avait annoncé aux membres du premier groupe qu'il les chronométrait pour établir des normes relatives au temps généralement nécessaire, tandis qu'aux membres du second groupe, il avait proposé une récompense. Les 25 % les plus rapides recevraient chacun 5 dollars (soit presque 4 euros), et le plus rapide de tous recevrait 20 dollars (presque 15 euros). Si l'on tient compte de l'inflation, ces sommes étaient appréciables à l'époque, pour seulement quelques minutes d'efforts. C'était donc une réelle motivation.

Les membres du groupe récompensé avaient-ils résolu le problème bien plus vite que ceux de l'autre groupe ? En moyenne, il leur avait fallu trois minutes et demie *de plus*[1]. Oui, trois minutes et demie de plus (chaque fois que je fais état de ces résultats devant un groupe de cadres d'entreprise, mes auditeurs poussent un soupir involontaire). En contradiction directe avec les principes sur lesquels repose Motivation 2.0, une incitation conçue pour clarifier la pensée et stimuler la créativité produit finalement le résultat inverse. Pourquoi cela ? Les récompenses, par leur nature même, réduisent notre champ de réflexion. Elles sont utiles quand il existe une façon évidente de résoudre un problème, car cela nous aide à rester concentré et à aller vite. Cependant, ces motivateurs ne sont pas adaptés du tout dans le cas de difficultés comme le problème de la bougie. Comme le montre cette expérience, les récompenses promises ont obscurci la pensée des participants et les ont empêchés de concevoir une nouvelle façon de se servir d'un objet connu.

Il semble qu'il se produise quelque chose de similaire lorsqu'il s'agit non plus de résoudre un problème existant mais d'imaginer une nouveauté. Teresa Amabile, professeur à la Harvard Business School et qui fait partie des plus éminents chercheurs du monde dans le domaine de la créativité, a souvent testé les effets des récompenses conditionnelles sur le processus

---

1. Sam Glucksberg, « The Influence of Strength of Drive on Functional Fixedness and Perceptual Recognition », *Journal of Experimental Psychology* 63, 1962, p. 36-41. Glucksberg a obtenu des résultats similaires dans « Problem Solving : Response Competition Under the Influence of Drive », *Psychological Reports* 15, 1964.

créatif. Dans une étude, elle et deux collègues ont recruté vingt-trois artistes professionnels ayant réalisé aussi bien des œuvres sur commande que hors de toute commande. On a demandé à ces artistes d'en choisir dix au hasard de chaque sorte (commandées et faites librement). Les chercheurs ont ensuite présenté ces œuvres à un panel d'artistes et de conservateurs qui n'étaient pas au courant de l'étude, et leur ont demandé de noter ces œuvres selon des critères de créativité et de qualité technique.

« Nos résultats ont été tout à fait saisissants, ont écrit les chercheurs. Les œuvres réalisées sur commande ont été jugées significativement moins créatives que les œuvres réalisées sans commande, mais elles n'ont pas été jugées différentes du point de vue de la qualité technique. Par ailleurs, les artistes ont déclaré s'être sentis significativement moins libres lorsqu'ils réalisaient des œuvres sur commande. » Un des artistes interrogés a décrit précisément ce que j'ai appelé l'« effet Sawyer » : « Ce n'est pas systématique mais, la majeure partie du temps, quand on réalise une œuvre pour quelqu'un d'autre, cela devient plus un "travail" qu'un plaisir. Quand je travaille pour moi, je ressens le pur plaisir de créer et je peux y passer toute la nuit sans même m'en rendre compte. Pour une commande, il faut se surveiller : prendre garde à faire ce que veut le client[1]. »

Une autre étude portant sur des artistes différents et sur une période plus longue montre que le souci d'obtenir une récompense peut véritablement compromettre

---

1. Teresa M. Amabile, Elise Phillips, Marry Ann Collins, « Person and Environment in Talent Development : The Case of Creativity », *Talent Development : Proceedings from the 1993 Henry B. and Jocelyn Wallace National Research Symposium on Talent Development*, sous la direction de Nicholas Colangelo, Susan G. Assouline et DeAnn L. Ambroson, Dayton, Ohio, Ohio Psychology Press, 1993, p. 273-274.

la réussite de l'épreuve. Au début des années 1960, des chercheurs ont étudié l'attitude d'élèves de première et de deuxième année de l'Institut d'art de Chicago vis-à-vis de leur travail et ont voulu savoir si leurs motivations étaient plutôt intrinsèques ou extrinsèques. En se basant sur les résultats, un autre chercheur a prolongé l'étude de ces élèves au début des années 1980 pour voir comment ils progressaient dans leur carrière. Ils ont notamment constaté, surtout chez les hommes, que « moins la motivation extrinsèque est présente dans ses études artistiques, mieux l'artiste réussit professionnellement dans son art, aussi bien dans les années qui suivent l'obtention de son diplôme qu'une vingtaine d'années plus tard ». Les peintres et les sculpteurs dont la motivation était intrinsèque, ceux pour lesquels le plaisir de la découverte et le défi de la création étaient les seules récompenses, ceux-là ont su affronter les moments difficiles – et l'absence de rémunération et de reconnaissance – qui accompagnent inévitablement les carrières artistiques. Ce qui nous amène à un nouveau paradoxe, dans ce monde du troisième type de motivation digne d'*Alice au pays des merveilles*. L'étude conclut en effet : « Les artistes qui ont continué à peindre ou à sculpter plus pour le plaisir de l'activité que pour des récompenses extrinsèques ont produit un art qui a été socialement reconnu comme supérieur. Ce sont les moins motivés à rechercher les récompenses extrinsèques qui les reçoivent au bout du compte [1]. »

Bien entendu, ce résultat ne se vérifie pas toujours. Amabile et ses collègues ont constaté que les récompenses extrinsèques pouvaient être efficaces pour les

---

1. Jean Kathryn Carney, « Intrinsic Motivation and Artistic Success » (étude non publiée, 1986, University of Chicago) ; J. W. Getzels et Mihaly Csikszentmihalyi, *The Creative Vision : A Longitudinal Study of Problem-Finding in Art*, New York, Wiley, 1976.

tâches algorithmiques, celles qui consistent à appliquer une formule existante pour en obtenir la conclusion logique. En revanche, pour des activités qui font davantage appel au cerveau droit, à la souplesse d'esprit, à l'invention ou à la conceptualisation, les récompenses conditionnelles peuvent avoir un effet dommageable. Les sujets récompensés ont souvent des difficultés à percevoir les tenants et les aboutissants et à concevoir des solutions originales. C'est aussi une des constatations les plus indéniables des chercheurs en sciences sociales, surtout dans sa version affinée au cours du temps par Amabile [1]. Chez les artistes, les scientifiques, les inventeurs, les enfants des écoles et chacun d'entre nous, la motivation intrinsèque, celle qui nous pousse à nous lancer dans une activité parce qu'elle est intéressante, parce qu'elle représente un défi à relever ou parce qu'elle absorbe l'esprit, est essentielle pour atteindre de hauts niveaux de créativité. Au contraire, les incitations conditionnelles qu'on a l'habitude de pratiquer dans la plupart des entreprises et des organisations étouffent souvent la pensée créative plus qu'elles ne la stimulent. Alors que l'économie évolue vers des activités plus conceptuelles sollicitant davantage le cerveau droit et que nous sommes de plus en plus nombreux à nous retrouver confrontés à notre propre version du problème de la bougie, il s'agit peut-être là du décalage le plus alarmant entre ce que savent les scientifiques et ce que pratiquent les entreprises.

La récompense favorise-t-elle une bonne conduite ?

Les philosophes et les professionnels de la santé discutent depuis longtemps de la possibilité de rémunérer les donneurs de sang. Pour certains, le sang, comme les

---

1. Teresa M. Amabile, *Creativity in Context*, *op. cit.*, p. 119 ; James C. Kaufman, Robert J. Sternberg (dir.), *The International*

tissus et les organes humains, est une chose très particulière qu'on ne doit pas pouvoir acheter ni vendre comme s'il s'agissait de barils de pétrole brut. Pour d'autres, nous devrions surmonter nos réticences car tout ce qui compte est d'avoir suffisamment de sang pour répondre à la demande.

Or, en 1970, le sociologue britannique Richard Titmuss, qui s'était intéressé aux dons de sang au Royaume-Uni, a proposé d'y réfléchir plus avant. Selon lui, payer pour du sang ne serait pas simplement immoral. Ce serait inefficace. En réalité, si les gens étaient payés pour donner leur sang, cela *réduirait* l'offre au niveau national. Naturellement, l'idée a semblé farfelue et les économistes ont ricané. Titmuss n'a jamais testé son idée : celle-ci est restée à l'état d'intuition philosophique [1].

Un quart de siècle plus tard, deux économistes suédois ont décidé de voir si Titmuss avait raison. Dans le cadre d'une intéressante expérience sur le terrain, ils se sont rendus dans un centre de transfusion sanguine de Göteborg et ont trouvé cent cinquante-trois femmes disposées à donner leur sang. Ensuite, comme c'est apparemment la coutume chez les chercheurs qui étudient la motivation, ils ont divisé ces femmes en trois groupes [2]. On a présenté le don du sang aux membres du premier groupe comme un acte bénévole pour lequel il n'y aurait pas de rémunération. Les participantes du deuxième groupe se

---

Handbook of Creativity, Cambridge, Cambridge University Press, 2006, p. 18.

1. Richard Titmuss, *The Gift Relationship : From Human Blood to Social Policy*, sous la direction d'Ann Oakley et John Ashton, édition revue et augmentée, New York, New Press, 1997.

2. Carl Mellström, Magnus Johannesson, « Crowding Out in Blood Donation : Was Titmuss Right ? », *Journal of the European Economic Association*, 6, n° 4, juin 2008, p. 845-863.

sont vu proposer 50 couronnes (environ 6 euros), tandis que celles du troisième groupe se sont vu proposer 50 couronnes également mais avec la possibilité immédiate d'y renoncer au profit d'une association qui s'occupait d'enfants atteints du cancer.

Dans le premier groupe, 52 % des participantes ont décidé de donner quand même leur sang. Apparemment, elles étaient motivées par des considérations altruistes.

Selon les principes de Motivation 2.0, les participantes du deuxième groupe auraient dû être un peu plus motivées à donner leur sang. Leur participation indiquait une motivation intrinsèque. À cela s'ajoutaient quelques couronnes qui pouvaient les stimuler un peu plus encore dans leur élan. Or, comme vous l'avez peut-être deviné, ce n'est pas ce qui s'est produit. Dans ce groupe, 30 % seulement des participantes ont décidé de donner leur sang. Au lieu d'accroître le nombre de donneurs, la perspective d'une rémunération le réduisait presque de moitié.

Quant aux participantes du troisième groupe, qui avaient la possibilité de donner directement la somme proposée à une œuvre de bienfaisance, elles ont présenté une réaction analogue à celle des membres du premier groupe avec 53 % de donneuses [1].

En fin de compte, Titmuss avait peut-être vu juste. Une incitation financière ne stimulait pas le comportement souhaité, bien au contraire. La raison ? Cette incitation dénaturait un acte altruiste et « chassait » le désir intrinsèque d'accomplir une bonne action [2]. Une bonne

---

1. Pour les cent dix-neuf hommes qui participaient aussi à l'étude, les résultats ont été quelque peu différents. La rémunération proposée n'a pas eu d'effet statistiquement significatif, ni positif ni négatif, sur leur décision de donner leur sang.

2. D'autres études ont prouvé que les incitations financières sont particulièrement contre-productives quand il s'agit d'une bonne action. Voir Dan Ariely, Anat Bracha, Stephan Meier, « Doing Good or Doing Well ? Image Motivation and Monetary Incentives in Beha-

action, c'est bien ce qu'était le don du sang. C'est notamment pour cette raison que les dons de sang affluent lors de catastrophes naturelles et autres désastres humanitaires [1]. Cependant, si les pouvoirs publics payaient les citoyens pour qu'ils aident leurs voisins dans ces situations de crise, il y aurait peut-être moins de dons.

Cela dit, dans l'exemple de la Suède, la récompense en elle-même n'est pas néfaste. La possibilité immédiate de faire don des 50 couronnes au lieu de les empocher semble contredire cet effet. C'est aussi un point extrêmement important. Toute récompense n'est pas dommageable dans toute situation. Ainsi, par exemple, quand le gouvernement italien a offert aux donneurs de sang de les rémunérer lorsqu'ils s'absentent de leur travail, il y a eu davantage de dons [2]. Le pouvoir politique a éliminé un obstacle qui s'opposait à l'altruisme. Certains voudraient nous faire croire que les incitations extrinsèques sont fondamentalement pernicieuses, mais en pratique ce n'est tout simplement pas vrai. En réalité, ce qui est très périlleux, c'est de mêler des récompenses à des actions qui sont par nature intéressantes, créatives ou nobles, surtout si l'on n'a pas une bonne compréhension de la logique particulière de la motivation. Utilisées dans ce genre de situation, les récompenses conditionnelles font généralement plus de mal que de bien. Quand on néglige les composantes de la motivation véritable, c'est-à-dire l'autonomie, la maîtrise des choses et la finalité de ce que l'on fait, la récompense limite l'action.

---

ving Prosocially », *Federal Reserve Bank of Boston Working Paper n° 07-9*, août 2007.

1. Bruno S. Frey, *Not Just for the Money : An Economic Theory of Personal Motivation, op. cit.*, p. 84.

2. Nicola Lacetera, Mario Macias, « Motivating Altruism : A Field Study », *Institute for the Study of Labor Discussion Paper N° 3770*, 28 octobre 2008.

Les dérives entraînées
par des récompenses

Dans l'univers chaotique du troisième type de motivation, une récompense peut souvent nous faire obtenir
moins de ce que nous cherchons précisément à encourager. Mais ce n'est pas tout. Utilisés de façon incorrecte,
les motivateurs extrinsèques peuvent avoir un autre effet
collatéral involontaire : ils peuvent nous faire obtenir
davantage de ce que nous ne voulons pas. Là encore, la
pratique des entreprises ne s'est pas encore adaptée à ce
que la science nous enseigne. Et ce que la science nous
enseigne, c'est que la carotte et le bâton peuvent favoriser
une mauvaise conduite, faire naître une accoutumance
et inciter à raisonner à court terme aux dépens du long
terme.

Un comportement contraire à la morale

Qu'est-ce qui pourrait compter plus qu'avoir un but ?
Dès notre plus jeune âge, nos parents et nos maîtres nous
apprennent à nous fixer des objectifs et à travailler à les
atteindre, et il y a de bonnes raisons à cela. Les objectifs,
c'est efficace. Des études montrent qu'en nous aidant à
écarter les distractions, les objectifs nous permettent de
travailler plus longtemps avec davantage d'application et
d'atteindre de meilleurs résultats.

Cependant, des chercheurs de la Harvard Business
School, de l'université Northwestern, de l'université de
l'Arizona et de l'université Wharton de Pennsylvanie ont
récemment remis en question l'efficacité de ce principe
général : « Plutôt que d'être proposée comme remède en
vente libre pour stimuler la performance, écrivent-ils, la
fixation d'objectifs devrait être prescrite de façon sélec-
tive, présentée avec un avertissement et étroitement

contrôlée[1]. » Les objectifs que les gens se fixent eux-mêmes et qui visent à maîtriser une technique sont généralement sains. Mais les objectifs imposés par d'autres – objectifs de vente, taux de rentabilité trimestriel, notes de tests normalisées, etc. – peuvent parfois présenter de dangereux effets secondaires.

Comme tout motivateur extrinsèque, les objectifs réduisent notre champ de réflexion. Pour cette raison, ils peuvent être efficaces : nous avons l'esprit plus concentré. Cependant, nous l'avons vu, la réduction du champ a un coût. Pour les tâches conceptuelles ou complexes, la perspective d'une récompense peut restreindre la pensée dans des limites qui ne lui permettent plus de trouver une solution innovante. De même, quand un but extrinsèque prend une importance extrême, surtout s'il s'agit d'un but à court terme, mesurable et avec une récompense à la clé, nous risquons de ne plus percevoir les dimensions plus générales de notre conduite. Comme le notent les chercheurs de la Harvard Business School : « Des éléments substantiels montrent qu'en plus de motiver un effort constructif, la fixation d'objectifs peut induire un comportement contraire à la morale. »

Les exemples sont légion, notent les chercheurs. Lorsque l'entreprise automobile Sears impose un quota de ventes au personnel de ses ateliers de réparation, la réaction du personnel est de surfacturer les prestations à la clientèle et de procéder à des réparations non nécessaires. Quand la société texane Enron fixe des objectifs de recettes élevés, la course pour les atteindre par tous les moyens possibles précipite son effondrement. Quant

---

1. Lisa D. Ordonez, Maurice E. Schweitzer, Adam D. Galinsky, Max H. Braverman, « Goals Gone Wild : The Systematic Side Effects of Over-Prescribing Goal Setting », *Harvard Business School Working Paper* N° 09-083, février 2009.

à Ford, l'entreprise tient tant à produire sa Pinto à une cadence et un coût précis pour une date de commercialisation si rapide que ce modèle insuffisamment testé se révèle finalement dangereux.

Le problème, quand une récompense extrinsèque devient le seul objectif qui compte, est que certains vont choisir le chemin le plus court pour l'atteindre, quitte à s'affranchir de la morale. On peut même dire que les scandales et les malversations qui sont monnaie courante dans le monde moderne sont la plupart du temps liés à un désir de faire simple ou d'aller vite. Des directeurs truquent leurs chiffres trimestriels pour obtenir une prime. Dans certains lycées américains, on falsifie les livrets scolaires pour permettre à certains élèves d'être admis à l'université[1]. Des athlètes s'injectent même des stéroïdes pour accroître leur performance et remporter des primes mirobolantes.

Opposons maintenant à cette approche les comportements suscités par une motivation intrinsèque. Quand la récompense est l'activité elle-même, qu'il s'agisse d'apprendre davantage, d'amuser les gens ou de faire de son mieux, on ne cherche ni à faire simple ni à aller vite. La seule voie pour atteindre la destination est la voie juste. Dans un certain sens, il est impossible de se conduire de façon immorale sachant que l'on causerait du tort non pas à un concurrent mais à soi-même.

Bien sûr, tous les objectifs ne sont pas égaux, et j'aimerais insister sur le fait que les objectifs et les récompenses extrinsèques ne sont pas corrupteurs par nature. Cependant, les objectifs sont plus néfastes que ce qu'admet Motivation 2.0. Les chercheurs de la Harvard Business School proposent leurs propres mises en garde : « Les

---

1. Peter Applebome, « When Grades Are Fixed in College-Entrance Derby », *New York Times*, 7 mars 2009.

objectifs peuvent occasionner des problèmes systéma-
tiques pour les organisations du fait d'un champ res-
treint, d'un comportement contraire à la morale, d'une
prise de risque accrue, d'une moindre coopération et
d'une moindre motivation intrinsèque. Il convient d'être
prudent quand on fixe des objectifs dans une organisation. »

Si la carotte incite parfois à se comporter de façon
indigne, le bâton ne devrait-il pas pouvoir remédier à
cela ? Ce n'est pas si simple. Le troisième type de motivation est plus surprenant et ne fonctionne pas de façon
aussi mécanique, comme l'ont découvert deux économistes israéliens.

En 2000, Uri Gneezy et Aldo Rustichini se sont intéressés pendant vingt semaines à une série de crèches à
Haïfa, en Israël [1]. Ces crèches ouvraient leurs portes à
7 h 30 et fermaient à 16 heures. Les parents devaient
donc venir chercher leurs enfants avant 16 heures, faute
de quoi ils obligeraient les puéricultrices à rester plus
tard.

Durant les quatre premières semaines, les deux chercheurs ont compté le nombre de parents qui arrivaient
en retard. Ensuite, avec la permission des responsables
de ces établissements, ils ont affiché le message ci-après.

Selon Gneezy et Rustichini, l'idée sous-jacente était
simple : « Quand des conséquences négatives sont impo-
sées à une conduite, elles produisent une réduction de
cette réponse particulière. » En d'autres termes, les
parents devaient théoriquement cesser d'arriver en
retard.

1. Uri Gneezy, Aldo Rustichini, « A Fine Is a Price », *Journal of Legal Studies*, 29 janvier 2000.

> ### AVERTISSEMENT
> #### Amende en cas de retard
>
> Comme vous le savez tous, l'heure de fermeture officielle de l'établissement est 16 heures tous les jours. Sachant que des parents arrivent en retard, nous avons décidé (avec l'approbation de l'Autorité en charge des crèches privées en Israël) de faire payer une amende aux parents qui viennent chercher leurs enfants en retard.
>
> À compter de dimanche prochain, une amende de 10 shekels [1] sera appliquée chaque fois qu'un enfant sortira après 16 h 10. Cette amende sera calculée mensuellement et sera incluse dans la facture mensuelle habituelle.
>
> *La direction*

Or, ce n'est pas ce qui s'est produit. « Après l'introduction de l'amende, nous avons observé un *accroissement* régulier du nombre de parents arrivant en retard. Ce nombre s'est finalement stabilisé à un niveau *presque double* du niveau initial. [2] » Ces auteurs ont expliqué que les études existantes n'expliquaient pas un tel résultat. Au contraire, « la possibilité d'une recrudescence du comportement sanctionné n'avait même pas été envisagée ».

Apparaît alors un nouveau bug de Motivation 2.0. Une raison pour laquelle la plupart des parents arrivaient à l'heure est qu'ils connaissaient les puéricultrices – c'était tout de même elles qui s'occupaient de leur précieuse progéniture – et ne voulaient pas être injustes envers elles. Les parents avaient un désir intrinsèque d'être ponctuels, mais la perspective d'une amende – tout comme la promesse monétaire dans l'expérience

---

1. L'amende était appliquée pour chaque enfant concerné, si bien qu'un parent venant chercher deux enfants allait devoir payer une amende de 20 shekels pour chaque retard. Au moment de l'expérience, 10 shekels représentaient environ 2 euros.

2. Uri Gneezy, Aldo Rustichini, « A Fine Is a Price », *ibid.*, p. 3, 7.

avec les donneuses de sang – neutralisait ce troisième type de motivation. Avec l'amende, la décision des parents ne relevait plus d'une obligation morale (ne pas être injuste envers la personne qui s'occupe de mon enfant) mais d'une pure transaction (payer un temps supplémentaire). L'une et l'autre s'excluaient. Au lieu de promouvoir une bonne conduite, la sanction l'empêchait.

Une accoutumance

Si certains chercheurs voient les motivateurs conditionnels et autres récompenses extrinsèques comme des médicaments vendus sur ordonnance et susceptibles de provoquer des effets secondaires potentiellement dangereux, d'autres les comparent plutôt à des drogues illicites entraînant une dépendance de plus en plus forte et pernicieuse. Selon ces derniers, les récompenses pécuniaires et les jolis trophées peuvent dans un premier temps procurer un moment de plaisir, mais ce sentiment se dissipe rapidement et pour l'entretenir, des doses toujours plus fortes et plus fréquentes sont nécessaires.

Pour démontrer cet effet, l'économiste russe Anton Souvorov a mis au point un modèle économétrique [1] élaboré, configuré autour de ce qu'il appelle la « théorie du principal-agent ». On peut considérer que le principal est celui qui motive : l'employeur, le professeur ou le parent. L'agent sera la personne que l'on motive : l'employé, l'élève, l'enfant. Pour l'essentiel, le principal s'efforce d'obtenir de l'agent qu'il se comporte selon ses souhaits, tandis que l'agent met en balance son propre intérêt et

---

1. NdT : ensemble des techniques destinées à mesurer des grandeurs économiques.

ce que le principal lui donne. À l'aide d'une série d'équations compliquées servant à tester une variété de cas de figure impliquant un principal et un agent, Souvorov est parvenu à des conclusions qui sembleront logiques à tout parent qui a déjà essayé d'obtenir de son enfant qu'il vide la poubelle.

En proposant une récompense, le principal transmet à l'agent un signal indiquant que la tâche en elle-même n'est pas gratifiante (si la tâche était gratifiante, l'agent n'aurait pas besoin d'un encouragement). Or, ce signal initial et la récompense qui lui est associée obligent le principal à s'engager dans une voie qu'il lui sera difficile de quitter. S'il propose une récompense insuffisante, l'agent ne s'exécutera pas, mais si la récompense est suffisante pour que l'agent s'exécute une première fois, le principal sera « condamné à l'offrir à nouveau la seconde fois ». Impossible de revenir en arrière. Si vous payez votre fils pour qu'il vide les ordures, vous pouvez être sûr qu'il ne le refera jamais gratuitement. En outre, l'effet de la rémunération initiale se réduira et vous serez sans doute obligé d'augmenter la somme pour perpétuer le même résultat.

Comme l'explique Souvorov : « Les récompenses créent une accoutumance dans la mesure où, une fois qu'elle est proposée, une récompense conditionnelle conduit l'agent à l'espérer chaque fois qu'il sera confronté à une tâche similaire, ce qui oblige le principal à récompenser encore et encore. » Par ailleurs, au bout de peu de temps, la récompense en question risque de ne plus suffire. Elle cesse rapidement d'être ressentie comme une prime pour apparaître comme un statu quo. Le principal est alors obligé d'offrir des récompenses plus importantes pour obtenir le même effet [1].

---

1. Anton Suvorov, « Addiction to Rewards », conférence faite au European Winter Meeting of the Econometric Society, 25 octobre 2003.

Cette tendance à l'accoutumance n'est pas qu'une théorie. C'est ce que Brian Knutson, alors chercheur en neurosciences au National Institute on Alcohol Abuse and Alcoholism, avait démontré à l'aide d'une expérience faisant appel à une technique d'examen du cerveau appelée l'imagerie par résonance magnétique fonctionnelle (IRMf). Il avait placé des volontaires sains dans un scanographe géant pour étudier les réactions cérébrales pendant un jeu auquel étaient associées des perspectives de gain et de perte financière. Quand un participant savait qu'il avait une chance de gagner de l'argent, une activation se produisait dans une région de son cerveau appelée *nucleus accumbens*. Plus précisément, quand le sujet anticipait un gain (mais pas une perte), un afflux de dopamine se produisait dans cette région. Knutson, qui est maintenant à l'université de Stanford, a obtenu des résultats similaires avec d'autres études dans lesquelles les sujets anticipaient des récompenses. Ce qui fait ici l'intérêt de cette réponse, c'est que c'est le même processus physiologique de base – cette réaction chimique spécifique qui se produit dans cette région particulière du cerveau – qui caractérise l'addiction. L'effet de la plupart des drogues est d'envoyer au *nucleus accumbens* une rafale de dopamine, ce qui procure une sensation agréable, mais cette sensation se dissipe et le sujet éprouve le besoin de s'administrer une nouvelle dose. En d'autres termes, il est troublant de constater à quel point le cerveau réagit de la même façon, que l'on promette au sujet une rémunération ou qu'on lui donne de la cocaïne, de la nicotine ou des amphétamines [1]. C'est

---

1. Brian Knutson, Charles M. Adams, Grace W. Fong, Daniel Hommer, « Anticipation of Increasing Monetary Reward Selectively Recruits Nucleus Accumbens », *Journal of Neuroscience*, 21, 2001.

peut-être pour cela qu'il est souvent efficace à court terme de payer les gens pour qu'ils arrêtent de fumer. On remplace une accoutumance (dangereuse) par une autre (plus anodine).

L'accoutumance aux récompenses peut aussi entraîner une distorsion dans les décisions. Knutson a constaté que l'activation du *nucleus accumbens* semblait prédire « des choix risqués et des prises de risque à mauvais escient ». Quand une personne s'enflamme parce qu'elle espère une récompense, cela ne l'incite pas à prendre de meilleures décisions comme Motivation 2.0 le suppose. Elle est plutôt susceptible d'en prendre de pires. Selon Knutson : « Cela pourrait expliquer pourquoi les casinos promettent quantité de récompenses à leurs clients (repas très bon marché, alcools gratuits, cadeaux surprises, primes de jackpot) : l'anticipation d'une récompense active le [*nucleus accumbens*], ce qui peut favoriser le passage d'une crainte du risque à un comportement joueur [1]. »

En résumé, si cette carotte agitée devant le nez du sujet peut avoir du bon dans certaines circonstances, elle peut aussi avoir le même effet qu'une dose de cocaïne et induire un comportement similaire à celui des joueurs autour d'une roulette ou d'une table de craps : ce n'est pas exactement ce que nous souhaitons obtenir quand nous cherchons à « motiver » nos collaborateurs, n'est-ce pas ?

Une pensée à court terme

Revenons encore une fois au problème de la bougie. Les participants qui avaient été encouragés s'étaient montrés moins brillants que les autres, car ils pensaient trop à la récompense pour pouvoir imaginer une solution

---

1. Camelia M. Kuhnen, Brian Knutson, « The Neural Basis of Financial Risk Taking », *Neuron*, 47, septembre 2005, p. 768.

astucieuse. Nous avons vu qu'une récompense peut limiter notre *champ* de réflexion. Cependant, des motivateurs extrinsèques – surtout les récompenses conditionnelles pécuniaires – peuvent aussi réduire la *profondeur* de notre réflexion. Nous avons alors tendance à ne voir que ce qui est immédiatement devant nous et à ignorer ce qui est plus éloigné.

Le plus souvent, la question est de savoir sur quoi se focaliser. S'il y a le feu, par exemple, votre seule préoccupation sera de trouver une sortie. Vous ne vous soucierez pas de réécrire les instructions d'évacuation. Mais, dans d'autres circonstances, se focaliser sur une récompense immédiate peut progressivement diminuer la performance. Le point commun entre les exemples donnés précédemment – actions contraires à la morale et comportement d'accoutumance – est surtout que seul compte le court terme. Un drogué veut avoir rapidement sa dose, quels que soient les dommages qui s'ensuivront. Un tricheur veut gagner rapidement, sans se soucier des conséquences durables de ce qu'il fait.

Même si l'individu s'abstient de rechercher un raccourci et ne sombre pas dans l'accoutumance, les gratifications à court terme peuvent être néfastes à long terme. Prenons le cas des sociétés cotées en bourse. Un certain nombre de ces sociétés existent depuis longtemps et espèrent exister longtemps encore. Or, leurs dirigeants et leurs équipes de managers concentrent une grande partie de leur activité quotidienne sur la réalisation d'objectifs à trois mois. Les résultats périodiques sont souvent une obsession pour eux. Les managers consacrent donc d'importantes ressources à faire en sorte que les résultats financiers ne soient pas au-dessous des chiffres prévus et à guider les analystes financiers pour que le marché anticipe les chiffres qu'ils veulent et y réagisse favorablement. Cette façon de privilégier des objectifs à très court terme peut se comprendre. C'est une réponse rationnelle compte tenu d'un marché boursier qui récompense ou sanctionne les moindres variations, surtout si l'on sait combien les conséquences financières en dépendent pour ces dirigeants.

Cependant, lorsque ces sociétés ne voient pas plus loin que le prochain bilan trimestriel, elles en payent le prix fort. Plusieurs chercheurs ont constaté que celles qui consacraient le plus de temps à gérer leurs résultats trimestriels connaissaient un taux de croissance à long terme significativement *plus faible* que les autres (une raison à cela est que les entreprises qui sont obsédées par leurs revenus investissent moins dans la recherche et le développement) [1]. Elles atteignent leurs objectifs à court terme mais compromettent leur sécurité financière pour les deux ou trois années à venir. Comme l'expliquent les chercheurs qui nous mettent en garde contre l'habitude d'assigner des objectifs : « La présence même d'objectifs peut conduire les salariés à se focaliser sur les bénéfices à court terme et à perdre de vue les effets à long terme potentiellement dévastateurs pour l'organisation [2]. »

Cela ne peut pas être plus évident que lors de la crise économique que le monde a connue en 2008 et 2009. Chaque acteur du système ne s'est préoccupé que des profits à court terme : l'acheteur qui voulait une maison, le courtier qui voulait sa commission, le trader de Wall Street qui voulait de nouveaux titres à vendre, l'homme politique qui voulait une croissance économique le

---

1. Mei Cheng, K. R. Subramanyam, Yuan Zhang, « Earnings Guidance and Managerial Myopia », *SSRN Working Paper No 854515*, novembre 2005.

2. Lisa D. Ordonez, Maurice E. Schweitzer, Adam D. Galinsky, Max H. Braverman, « Goals Gone Wild : The Systematic Side Effects of Over-Prescribing Goal Setting », *Harvard Business School Working Paper No 09-083*, février 2009.

temps d'être réélu, tous ont ignoré les effets à long terme que leurs décisions allaient avoir sur leur propre situation comme sur celle d'autrui. Quand la musique s'est arrêtée, c'est le système tout entier qui a manqué de s'effondrer. Il en est ainsi des bulles économiques : ce qui ressemble à une euphorie irrationnelle n'est finalement qu'un triste exemple de myopie sur fond de motivation extrinsèque.

Au contraire, les éléments d'une motivation véritable que nous étudierons plus loin, par leur nature même, s'opposent à toute vision à court terme. Prenons par exemple la maîtrise. L'objectif même est par nature un objectif à long terme puisque la maîtrise complète des événements est une utopie. Même Roger Federer, par exemple, ne pourra jamais « maîtriser » complètement le tennis. Et si l'on intègre une récompense conditionnelle pour favoriser la maîtrise, cela produit généralement l'effet inverse. Des écoliers qui sont payés pour résoudre des problèmes choisissent généralement les problèmes les plus faciles et apprennent donc moins [1]. Un prix à court terme s'oppose ainsi à l'assimilation des connaissances à long terme.

Là où les récompenses extrinsèques sont la règle, les gens n'accomplissent souvent que le travail nécessaire pour obtenir la récompense. Bien souvent, des étudiants qui obtiennent un prix s'ils lisent trois ouvrages n'iront pas en lire un quatrième et encore moins prendre l'habitude de lire, de la même manière que des dirigeants d'entreprise qui atteignent leurs objectifs quantitatifs trimestriels ne feront généralement rien pour que l'entreprise gagne un sou de plus et se préoccuperont encore moins de la santé de l'entreprise à long terme. De même, plusieurs études montrent qu'en payant les gens pour

—————
1. Roland Bénabou, Jean Tirole, « Intrinsic and Extrinsic Motivation », *Review of Economic Studies*, 70, 2003.

faire du sport, pour arrêter de fumer ou pour prendre leurs médicaments, on obtient tout d'abord de magnifiques résultats mais ce comportement sain disparaît dès que les facteurs incitatifs sont supprimés. À l'inverse, en l'absence de récompenses conditionnelles ou lorsque les incitations sont suffisamment astucieuses, les gens progressent et comprennent mieux les enjeux. Ce qui est grand ne peut être proche, et inversement. Pour vraiment progresser, il faut s'élever et tendre vers l'horizon.

LES SEPT DÉFAUTS FATALS DE LA CAROTTE ET DU BÂTON

1. Ils peuvent annihiler la motivation intrinsèque.
2. Ils peuvent réduire la performance.
3. Ils peuvent empêcher la créativité.
4. Ils peuvent décourager une bonne conduite.
5. Ils peuvent inciter à tricher, à simplifier et à agir contrairement à la morale.
6. Ils peuvent engendrer une accoutumance.
7. Ils peuvent favoriser un raisonnement à court terme.

3

… ET LES CIRCONSTANCES PARTICULIÈRES
DANS LESQUELLES ILS SONT EFFICACES

La carotte et le bâton n'ont pas que des défauts. Si c'était le cas, Motivation 2.0 n'aurait jamais eu autant de succès. Même si ce système d'exploitation centré sur les récompenses et les sanctions est devenu obsolète et a bien besoin d'être remplacé, cela ne signifie pas que nous devons renoncer à tous ses composants sans exception. Ce serait même contraire à ce que la science nous apprend. Les chercheurs qui étudient la motivation humaine nous ont révélé non seulement les nombreuses lacunes de l'approche traditionnelle, mais aussi les circonstances particulières dans lesquelles la carotte et le bâton restent une méthode efficace.

Bien sûr, il faut d'abord que les récompenses (salaire, primes, etc.) soient adéquates et qu'elles soient justes. Sans cela, difficile, voire même impossible de motiver les gens.

Une fois ceci établi, voyons les situations où il n'y a pas d'inconvénient, lorsque ces conditions sont assurées, à recourir aux motivateurs extrinsèques. Pour comprendre quelles sont ces situations, revenons au problème de la bougie. Dans son étude, Sam Glucksberg a constaté que les participants à qui l'on promettait une récompense financière ne résolvaient pas le problème aussi vite que les autres. La raison à cela, comme vous vous en rappelez sans doute, est que la perspective d'une récompense réduit le champ de réflexion des participants et limite leur capacité d'imaginer une solution peu évidente.

Lors de la même expérimentation, Glucksberg a proposé à un autre groupe de participants une version légèrement différente du problème. Là encore, il a annoncé à la moitié des participants qu'il les chronométrait pour les besoins de ses statistiques, et il a promis aux autres une récompense financière pour les plus rapides. Cependant, au lieu de donner aux participants une boîte remplie de punaises, il a vidé lui-même la boîte sur la table comme le montre la figure ci-dessous.

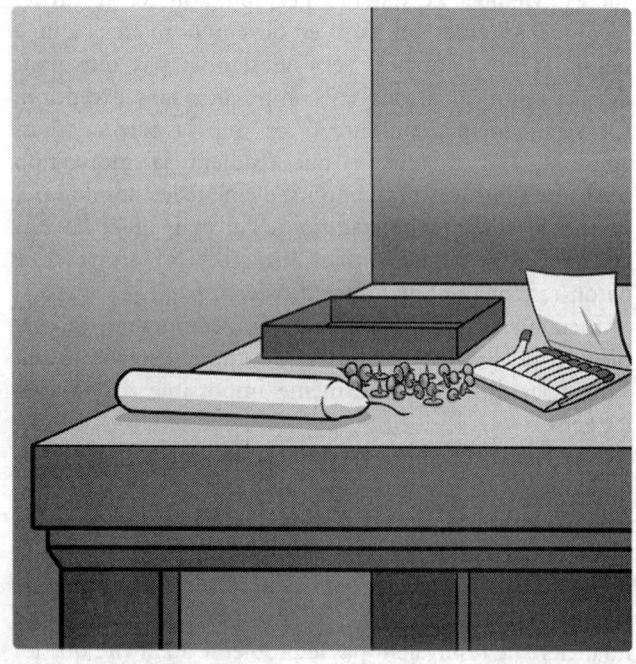

Le problème de la bougie présenté autrement.

Avez-vous idée de ce qui s'est alors produit ?

Cette fois, les participants qui étaient en concurrence pour obtenir la récompense ont résolu le problème plus rapidement que ceux de l'autre groupe. Comment l'expliquer ? En renversant les punaises sur la table et en mettant en évidence une boîte vide, Glucksberg a révélé la solution. D'une tâche déroutante sollicitant le cerveau droit, il a fait une tâche machinale faisant appel au cerveau gauche. Les participants n'ayant plus qu'à exécuter le plus rapidement possible un processus évident, la carotte qui les attendait sur la ligne d'arrivée les incitait à foncer.

De l'expérience de Glucksberg, on peut déduire la première question que l'on devrait se poser à propos des motivateurs extérieurs : *la tâche en question est-elle mécanique ?* Autrement dit, consiste-t-elle à suivre une série de règles fixées pour atteindre un but spécifié ?

En ce qui concerne les tâches mécaniques, qui ne sont pas très intéressantes et ne nécessitent pas beaucoup de pensée créative, une récompense peut motiver le sujet sans qu'il y ait d'effets secondaires préjudiciables. D'une certaine manière, cela tombe sous le sens. Comme l'expliquent Edward Deci, Richard Ryan et Richard Koestner : « Les récompenses ne sapent pas la motivation intrinsèque des gens pour les tâches ennuyeuses car il n'y a pas de motivation intrinsèque, ou si peu, à saper [1]. » De même, quand Dan Ariely et ses collègues ont répété avec un groupe d'étudiants du MIT l'étude qu'ils avaient réalisée à Madurai, en Inde, ils ont constaté que lorsque la tâche demandait « même des capacités cognitives rudimentaires », une plus forte récompense « amenait une

---

1. Edward L. Deci, Richard Koestner, Richard M. Ryan, « Extrinsic Rewards and Intrinsic Motivation in Education : Reconsidered Once Again », *Review of Educational Research*, 71, n° 1, printemps 2001, p. 14.

plus mauvaise performance ». Cependant, « tant que la tâche restait purement mécanique, les récompenses jouaient le rôle attendu : plus la somme était importante, meilleure était la performance [1]. »

C'est extrêmement important. Si les économies développées dépendent moins aujourd'hui de ces fonctions algorithmiques, nous restons cependant confrontés dans notre quotidien – surtout au travail – à des tâches peu intéressantes. Nous avons des fiches à remplir, des courriers ennuyeux auxquels il faut répondre et toutes sortes de tâches lassantes et pas nécessairement enrichissantes pour l'esprit. Ces tâches routinières et peu captivantes constituent même l'essentiel du quotidien de certains d'entre nous. Mieux vaut alors profiter de l'aspect positif de l'effet Sawyer en nous efforçant de faire de notre travail un jeu : le rendre plus varié ou l'envisager comme un moyen d'acquérir la maîtrise de différentes techniques. Malheureusement, ce n'est pas toujours possible. C'est pourquoi même les récompenses conditionnelles peuvent être une bonne méthode.

Mettons ces principes en application. Supposons que vous dirigiez une association à but non lucratif. Vos graphistes ont créé un tract pour faire la publicité de votre prochain événement et vous avez besoin d'envoyer ce tract aux 20 000 membres de votre association. Sachant que sous-traiter cet envoi à une entreprise de publipostage vous coûterait trop cher, vous décidez de vous en charger vous-même avec vos collaborateurs. Le problème est que les tracts ne sont prêts qu'au dernier moment et qu'il faut absolument les mettre au courrier ce week-end.

Quelle sera la meilleure méthode pour mobiliser vos dix collaborateurs et peut-être quelques bras supplémentaires ?

---

1. Dan Ariely, « What's the Value of a Big Bonus ? », *New York Times*, 20 novembre 2008.

Le travail qu'il s'agit d'accomplir est tout ce qu'il y a de plus routinier : plier les tracts, les glisser dans des enveloppes, cacheter les enveloppes et les affranchir. Aucune de ces tâches n'est particulièrement intéressante.

Une des possibilités qui s'offrent à un dirigeant est la coercition. Vous pouvez obliger vos collaborateurs à travailler pendant tout le week-end. Peut-être s'exécuteront-ils, mais les conséquences sur leur moral et sur leur implication à long terme seront désastreuses. Une autre possibilité est de chercher des volontaires. N'oubliez pas cependant que la plupart des gens conçoivent leur week-end d'une façon bien plus agréable.

Dans un tel cas de figure, une récompense conditionnelle peut être efficace. Vous pouvez par exemple promettre une grande fête à vos collaborateurs. Vous pouvez promettre un cadeau à ceux qui participeront. Ou bien, vous pouvez payer vos collaborateurs au nombre de tracts envoyés, en espérant que votre tarif suffira à stimuler leur productivité.

Ce genre de récompense pécuniaire peut nuire à la motivation intrinsèque et à la créativité, mais ici ce n'est pas un souci. Le travail à effectuer ne nécessite ni passion ni grande réflexion. Ici, la carotte ne peut qu'être utile. Pour augmenter vos chances de réussite, procédez comme suit :

— Justifiez la nécessité de la tâche. Un travail qui n'est pas naturellement intéressant peut devenir plus motivant lorsqu'il fait partie d'un projet plus global. Expliquez pourquoi ce tract est si important et pourquoi il est vital pour votre association de l'envoyer maintenant à ses adhérents.

— Reconnaissez que la tâche est ennuyeuse. Il s'agit bien évidemment de faire preuve d'empathie. C'est en reconnaissant l'aspect rebutant de la tâche que vous permettrez à vos collaborateurs de comprendre pourquoi, exceptionnellement, vous devez recourir à une récompense conditionnelle.

— Laissez vos collaborateurs travailler à leur façon. Privilégiez l'autonomie plutôt que le contrôle. Présentez clairement votre objectif, mais plutôt que de détailler la façon de l'atteindre (comment plier chaque tract et comment coller chaque timbre), laissez-leur la liberté de faire leur travail à leur manière.

C'est ainsi qu'il faut procéder pour les travaux routiniers. Mais que faire pour les autres types de travaux ?

Quand un travail ne consiste pas simplement à suivre une série d'étapes ou d'instructions élémentaires, l'effet positif des récompenses n'est pas assuré. Le meilleur moyen d'éviter les sept défauts fatals des motivateurs extrinsèques consiste à éviter ces motivateurs ou à réduire leur importance pour privilégier plutôt ce qui motive les gens de façon plus profonde : l'autonomie, la maîtrise des choses et l'identification avec l'objectif. C'est ce que nous étudierons plus loin dans ce livre. Dans le monde du travail, toutefois, il est une vérité qui s'oppose à l'application rigide de ce principe, à savoir que même lorsque le travail est amusant et créatif, les gens veulent être rémunérés. À cet égard, Teresa Amabile nous éclaire sur la façon dont il est possible de recourir aux récompenses et de tenir compte de certaines réalités de l'existence tout en réduisant les coûts cachés des motivateurs extrinsèques.

Revenons à l'étude dans laquelle Teresa Amabile et deux de ses collègues comparent la qualité des œuvres d'art réalisées sur commande et sans commande par un groupe d'artistes. Un panel de spécialistes qui n'étaient pas avertis de l'objet de l'étude a constamment jugé plus créatives les œuvres qui n'étaient pas réalisées sur commande. Plusieurs artistes ont en effet déclaré que les commandes leur imposaient des « contraintes », qu'ils se trouvaient ainsi obligés de réaliser un objectif qui n'était pas le leur et qu'ils n'avaient plus le contrôle de leur art. Cependant, au cours de la même étude, Teresa Amabile a aussi constaté que lorsque « la commande permettait à l'artiste de faire quelque chose d'intéressant ou d'enthousiasmant [1] » ou lorsque l'artiste se sentait valorisé par la commande, sa note de créativité était plus élevée.

Ces observations sont très importantes. La science montre qu'il est possible, même si c'est parfois difficile, de recourir à des récompenses pour encourager une activité créative sans pour autant provoquer une série de dégâts.

Reprenons donc l'exemple de votre association et envisageons la situation neuf mois plus tard. Les courriers ont bien été envoyés. Le tract a eu du succès. L'événement a été une superbe réussite. Vous en prévoyez un nouveau, plus tard dans l'année. Vous en avez déjà fixé la date et vous avez trouvé le lieu. Il vous faut maintenant une affiche qui captive le public et l'incite à venir participer.

Comment allez-vous vous y prendre ?

Surtout, n'allez pas promettre une récompense à vos graphistes. Ne faites pas irruption dans leur bureau en leur annonçant une prime de 10 % si leur affiche draine un vaste public. Même si cette méthode pour motiver les collaborateurs est pratiquée un peu partout, elle a surtout pour effet de réduire la performance. Créer une affiche n'est pas une tâche mécanique. C'est une activité qui sollicite les talents conceptuels, novateurs et artistiques et comme on l'a vu, les récompenses conditionnelles sont le meilleur moyen d'inhiber ce type d'activité intellectuelle.

---

1. Teresa Amabile, *Creativity in Context, op. cit.*, p. 175.

La meilleure méthode consiste à créer à l'avance des conditions de travail véritablement motivantes. La récompense fondamentale doit suffire, sachant qu'elle doit être adéquate et équitable, surtout par comparaison avec des travaux similaires dans des organisations similaires. Le lieu de travail doit être agréable. Vos collaborateurs doivent être autonomes, ils doivent avoir la possibilité de maîtriser les processus et leurs obligations quotidiennes doivent s'inscrire dans un objet plus global. Lorsque tout cela est réalisé, la meilleure méthode consiste à leur faire percevoir le degré d'urgence et d'importance de la tâche et à les laisser exprimer librement leurs talents.

Vous pouvez cependant stimuler encore un peu plus la performance, davantage pour les tâches futures que pour la tâche en cours, en recourant aux récompenses de façon subtile. Simplement, prenez garde. Pour que vos efforts portent leurs fruits, une condition essentielle doit être satisfaite (et deux autres principes aussi, mais nous les verrons un peu plus loin).

La condition essentielle est la suivante : *Toute récompense extrinsèque doit être inattendue et offerte une fois le travail terminé.*

Si vous faites miroiter une éventuelle récompense dès le début du projet, vos collaborateurs se préoccuperont inévitablement de l'obtenir plutôt que de résoudre le problème. Faire intervenir la récompense une fois le travail terminé est moins risqué.

En d'autres termes, là où une récompense conditionnelle serait une erreur, une récompense a posteriori peut très bien convenir : « Maintenant que vous avez réalisé cette affiche et qu'elle a eu un si franc succès, j'aimerais fêter cela en vous offrant un bon déjeuner. »

Comme l'expliquent Deci et ses collègues : « Si des récompenses tangibles sont offertes de façon inattendue lorsque les gens ont terminé une tâche, ces récompenses risquent moins d'être perçues comme la raison d'accomplir la tâche et elles risquent donc moins de nuire à la motivation intrinsèque [1]. »

De même, Teresa Amabile a constaté que « la plus grande créativité a été obtenue chez les sujets qui ont reçu une récompense sous forme de prime [2] ». Si votre affiche a du succès, vous pourrez offrir à vos graphistes une bouteille de vin ou même leur verser une prime sans compromettre leur créativité. Vous leur montrez ainsi que vous appréciez ce qu'ils ont fait. N'oubliez pas cependant qu'une récompense inattendue qui se répète ne tarde pas à devenir une rémunération attendue, et la performance peut finalement en souffrir.

Il est donc préférable de réserver les récompenses aux travaux créatifs et d'éviter de les annoncer à l'avance, mais vous obtiendrez de meilleurs résultats encore si vous suivez les deux recommandations qui suivent.

Premièrement, envisagez des récompenses non matérielles. Les compliments et autres formes de *feedback* positif valent mieux que l'argent et les trophées. Comme l'a noté Deci dès ses premières expériences ainsi que dans ses travaux ultérieurs, « une réaction positive peut renforcer la motivation intrinsèque [3] ». Par conséquent, vous pouvez peut-être vous contenter de déclarer à vos collaborateurs : « Les gars, vous avez fait un travail superbe. Cette affiche va faire venir beaucoup de monde. Merci à vous ! » Cela peut paraître simple et court, mais l'effet peut être considérable.

---

1. Edward L. Deci, Richard Koestner, Richard M. Ryan, « Extrinsic Rewards and Intrinsic Motivation in Education », *ibid.*

2. Amabile, *Creativity in Context, op. cit.*, p. 117.

3. Edward L. Deci, Richard Koestner, Richard M. Ryan, « Extrinsic Rewards and Intrinsic Motivation in Education », *ibid.*

Deuxièmement, délivrez une information utile. Teresa Amabile a constaté que, si le contrôle des motivateurs extrinsèques pouvait ruiner la créativité, « des motivateurs informationnels ou valorisants peuvent être propices [1] ». Vos collaborateurs seront toujours désireux de savoir si leur travail porte ses fruits et s'il est apprécié, à condition que l'information ne soit pas utilisée pour les manipuler. Ne dites pas à vos graphistes : « Cette affiche est parfaite. Vous l'avez réalisée exactement comme je vous l'avais demandé. » Donnez-leur plutôt une information utile et précise. Plus l'information aura un caractère spécifique (« belle façon d'utiliser les couleurs »), plus ce seront l'effort et la méthode qui seront valorisés et non le fait d'atteindre un objectif particulier, et plus ce sera efficace.

En résumé, concernant les tâches créatives et heuristiques, il n'est pas prudent de proposer des récompenses conditionnelles. Mieux vaut donc offrir des récompenses a posteriori et de préférence sous forme de compliments, de *feedback* et d'information utile (pour une illustration de cette approche, voir le schéma suivant).

---

1. Amabile, *Creativity in Context*, op. cit., p. 119.

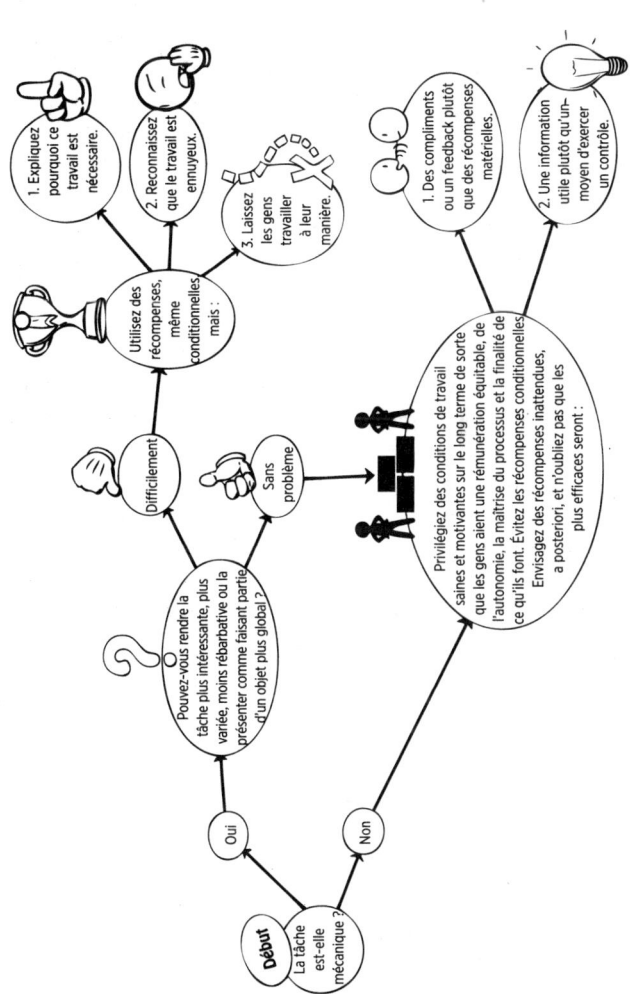

Quand utiliser les récompenses ?

4

LE TYPE I ET LE TYPE X

Rochester, dans l'État de New York, fut l'improbable épicentre d'un cataclysme social. Les entreprises qui ont édifié cette ville à une centaine de kilomètres de la frontière canadienne étaient des titans de l'industrie : Eastman Kodak produisait de la pellicule, Western Union envoyait des télégrammes et Xerox fabriquait des photocopieuses. Ces grandes entreprises étaient dirigées selon les principes de Motivation 2.0 : « Offrez aux gens un emploi stable et des récompenses soigneusement calibrées et ils feront ce qu'attendent d'eux les dirigeants et les actionnaires, ce qui garantira la prospérité de tous. »

Pourtant, au début des années 1970, une révolution se préparait dans le domaine de la motivation. Tout a commencé en 1971, quand Edward Deci, qui venait de se distinguer avec l'utilisation du cube Soma dans ses expériences, est arrivé à l'université de Rochester dans le cadre d'un partenariat entre le département de psychologie et la faculté de gestion. Les choses ont pris de l'ampleur en 1973 quand Deci s'est fait renvoyer sans cérémonie de la faculté de gestion en raison de ses découvertes hérétiques concernant les récompenses. Le département de psychologie l'a alors recruté à plein temps. Une nouvelle étape a été franchie en 1975, quand Deci a publié un ouvrage intitulé *Intrinsic Motivation* (Motivation intrinsèque). Enfin, cette révolution a vraiment eu lieu en 1977, quand un étudiant nommé Richard Ryan est entré en troisième cycle.

Ryan, major de sa promotion en philosophie, avait échoué de peu aux tests d'aptitude pour entrer dans l'armée. Éprouvant en quelque sorte la culpabilité du survivant, il avait travaillé avec des vétérans de la guerre du Vietnam atteints d'un stress post-traumatique et était venu à Rochester pour consolider ses compétences de clinicien. Un jour, un de ses professeurs avait abordé le sujet de la motivation intrinsèque, mais pour condamner cette notion avec véhémence. Ryan m'expliquera par la suite : « Je me suis dit que s'il y avait une telle résistance, ce devait être quelque chose d'intéressant. » Ryan avait consulté un ouvrage de Deci, il l'avait trouvé intéressant et il avait convié l'auteur à déjeuner. Ainsi devait commencer une remarquable collaboration qui continue encore aujourd'hui.

Quand je les ai rencontrés, il n'y a pas longtemps, j'ai trouvé qu'ils formaient une drôle de paire. Deci est grand, mince, pâle, avec des cheveux fins. Il parle d'une voix calme et posée qui me fait penser au regretté Mr Rogers qui animait des émissions pour enfants. Ryan a des cheveux blancs et drus, la raie au milieu, il a le teint plus coloré et il est plus volubile. Il défend son point de vue comme un avocat qui plaide, tandis que Deci attend patiemment que vous en arriviez à la même conclusion que lui, puis il vous approuve et vous complimente. Deci, c'est la radio qui diffuse de la musique classique, tandis que Ryan, ce serait plutôt la TV câblée. Cela ne les empêche pas de discuter entre eux à grand renfort d'abréviations et de références incompréhensibles pour de simples mortels et d'échanger leurs idées dans le calme. Ils ont su s'entendre assez bien pour devenir des spécialistes du comportement parmi les plus éminents de leur génération.

Ensemble, ils ont mis au point ce qu'ils ont appelé la « théorie de l'autodétermination ».

Les théories du comportement tournent souvent autour d'une tendance particulière de l'être humain : nous réagissons vivement aux stimuli positifs ou négatifs, nous avons vite fait de calculer où est notre intérêt et nous sommes pétris de conflits psychosexuels. La théorie de l'autodétermination (TAD), au contraire, est fondée sur la notion de *besoins* humains universels. Selon cette théorie, nous avons trois besoins psychologiques innés : être compétents, être autonomes et entretenir des liens. Quand ces *besoins* sont satisfaits, nous sommes motivés, productifs et heureux. Quand ils sont contrecarrés, nous sommes contrariés et notre motivation et notre productivité s'en ressentent [1]. Au cours d'une de nos conversations, Ryan m'expliquait : « S'il est quelque chose [de fondamental] concernant notre nature, c'est notre capacité d'intérêt. Certaines choses la stimulent. Certaines choses l'inhibent. » Pour le dire autrement, nous avons tous ce troisième type de motivation. Cela fait partie de la nature humaine. Cependant, cet aspect de notre humanité ne peut apparaître que si des conditions favorables sont réunies.

Les principaux mécanismes de Motivation 2.0 ne sont pas favorables à l'émergence de ce troisième type de motivation et, pour Ryan, « c'est vraiment quelque chose d'important dans la gestion ». Quand des salariés ne sont pas productifs, leurs employeurs recourent généralement à un système de récompenses ou de sanctions. « Ce qui n'a pas été fait, c'est le difficile travail de diagnostiquer

---

1. Richard M. Ryan and Edward L. Deci, « Self-Determination Theory and the Facilitation of Intrinsic Motivation, Social Development, and Well-Being », *American Psychologist*, 55, janvier 2000, p. 68.

le problème, explique Ryan. On essaie de sauter par-dessus le problème à l'aide d'une carotte ou d'un bâton. » Cela ne signifie pas que la TAD s'oppose de façon univoque aux récompenses. « Bien sûr, elles sont nécessaires dans des contextes professionnels et autres, précise Deci, mais moins elles prédominent, mieux c'est. C'est lorsque les récompenses servent à motiver qu'elles sont le plus démotivantes. » Selon Deci et Ryan, nous devrions plutôt concentrer nos efforts sur la création de conditions favorables à nos besoins psychologiques.

Depuis trente ans, à travers leurs travaux de recherche et leur enseignement, Deci et Ryan ont créé un réseau de plusieurs dizaines de chercheurs qui effectuent des travaux sur la TAD aux États-Unis, au Canada, en Israël, à Singapour et dans toute l'Europe occidentale. Ces chercheurs ont étudié l'autodétermination et la motivation intrinsèque à l'aide d'expériences en laboratoire et d'études de terrain en englobant tous les domaines : l'entreprise, l'éducation, la médecine, le sport, le développement personnel, l'écologie, les relations humaines et la santé physique et mentale. Ils ont publié des centaines de travaux qui tendent généralement vers la même conclusion : l'être humain est naturellement enclin à cultiver l'autonomie, l'autodétermination et les relations avec ses semblables. Quand cette pulsion est libérée, il réussit mieux et son existence est plus riche.

La TAD est un élément important d'une vaste école de pensée récente sur la condition humaine. Le mouvement de la psychologie positive, qui en est sans doute son courant le plus important, a réorienté l'étude de la psychologie, auparavant focalisée sur la maladie et les dysfonctions, vers le bien-être et le bon fonctionnement des capacités psychiques et cognitives. Sous la houlette de Martin Seligman, de l'université de Pennsylvanie, la psychologie positive a engendré des légions de nouveaux chercheurs et elle a laissé une profonde empreinte sur la façon dont les scientifiques, les économistes, les thérapeutes et le commun des mortels envisagent le comportement humain. Une des figures les plus influentes de ce mouvement est Mihaly Csikszentmihalyi, que j'ai déjà cité. Le premier ouvrage de Csikszentmihalyi sur le *flow* et le premier ouvrage de Seligman sur ses théories (dans lequel l'auteur affirmait que la résignation était un comportement acquis et non pas inné) sont parus la même année que le livre de Deci sur la motivation intrinsèque. À l'évidence, quelque chose flottait dans l'air en 1975. Il aura simplement fallu une génération pour qu'on en tienne compte.

Parmi ces nouveaux penseurs figurent Carol Dweck, de l'université de Stanford, et Teresa Amabile, de l'université de Harvard ainsi qu'une petite poignée d'économistes, notamment Roland Bénabou, de l'université de Princeton, et Bruno Frey, de l'université de Zurich, qui appliquent ces concepts à la science antidivinatoire. On y trouve aussi des chercheurs qui n'étudient pas la motivation en tant que telle, en particulier Howard Gardner, de l'université de Harvard, et Robert Sternberg, de l'université de Tufts, qui ont changé notre manière de concevoir l'intelligence et la créativité et ont proposé une vision plus lumineuse des capacités humaines.

Ces chercheurs, sans se concerter, de façon non intentionnelle et peut-être même sans le savoir, ont jeté les bases d'un nouveau système d'exploitation plus performant et leurs travaux commencent enfin à porter leurs fruits.

LE POUVOIR DE L'ALPHABET

Les mots comptent, bien entendu, mais les lettres aussi. Prenons l'exemple de Meyer Friedman. Vous n'avez probablement jamais entendu parler de lui, mais vous connaissez probablement ce qu'il nous a apporté. Friedman, qui est mort en 2001 au bel âge de 90 ans, était cardiologue. Il a tenu pendant longtemps un cabinet à San Francisco. À la fin des années 1950, lui et son collègue, Ray Rosenman, ont commencé à remarquer des points communs chez leurs patients souffrant de maladies cardio-vasculaires. Leurs habitudes alimentaires et les gènes dont ils avaient hérité n'expliquaient pas tout. La façon dont ces personnes menaient leur vie comptait aussi. Selon Friedman, ces patients présentaient : « Un regroupement particulier de traits de caractère, notamment une tendance excessive à la compétition, de l'agressivité, de l'impatience et le besoin irrépressible de se comporter comme s'ils étaient toujours dans l'urgence. Les individus qui présentent cette tendance semblent pris dans une lutte chronique, vaine et sans fin contre eux-mêmes, contre les autres, contre les circonstances, contre le temps et parfois contre la vie elle-même [1]. »

Ces patients risquaient significativement plus de développer une maladie cardio-vasculaire, même par rapport à ceux qui présentaient des caractéristiques analogues en termes de physique, de sédentarité, d'habitudes alimentaires et d'antécédents familiaux. Cherchant une formule pratique et facile à retenir pour expliquer cette idée à leurs collègues et au reste du monde, Friedman et Rosenman s'inspirèrent de l'alphabet. Ils nommèrent donc ce comportement le « type A ».

---

1. Meyer Friedman, Ray H. Rosenman, *Type A Behavior and Your Heart*, New York, Alfred A. Knopf, 1974, p. 4.

Le comportement de type A s'oppose au comportement de type B. Friedman et Rosenman ont constaté que si les gens qui présentaient le comportement de type B vivaient leur vie bien plus calmement, ils étaient tout aussi intelligents et souvent aussi ambitieux que ceux de type A. Leur ambition se manifestait simplement autrement. À propos de l'individu de type B (et avec cette manie typique de l'époque de privilégier le masculin), les deux cardiologues expliquent : « Il peut aussi présenter une force de motivation considérable, mais sa personnalité est telle que cela le stabilise et lui donne de la confiance et de l'assurance au lieu de l'aiguillonner, de l'irriter et de l'exaspérer comme cela se produit avec l'homme de type A [1]. » Pour réduire le nombre de décès de maladies cardio-vasculaires et pour le bien de la santé publique, il suffit donc d'aider les personnes de type A à ressembler davantage aux personnes de type B.

Près de cinquante ans plus tard, cette distinction reste valable. À l'aide de ces deux lettres de l'alphabet, nous pouvons mieux comprendre un ensemble complexe de comportements et apprendre à mieux vivre.

À peu près au même moment, un autre Américain faisait lui aussi reculer les limites de la connaissance dans ce domaine. Douglas McGregor, professeur de management au MIT, avait mis au point une intéressante série d'expériences. Il était titulaire d'un doctorat de Harvard en psychologie (et non pas en économie ni en ingénierie) et, contrairement à la plupart de ses collègues, il avait déjà dirigé une institution et supervisé du personnel. En effet, de 1948 à 1954, il avait été président de l'Antioch College.

À partir de sa perception du psychisme humain et de son expérience de dirigeant, McGregor a entrepris de

---

1. *Ibid.*, p. 70.

remettre en question les conventions du management moderne. Pour lui, le problème de la direction des grandes entreprises était moins dans l'exercice du pouvoir que dans les principes sur lesquels il reposait. À l'occasion d'une conférence en 1957, et un peu plus tard dans un ouvrage novateur intitulé *The Human Side of Enterprise* (*La dimension humaine de l'entreprise*) paru en 1960, McGregor a expliqué que les dirigeants des grandes entreprises se fondaient sur des hypothèses erronées concernant le comportement humain.

La plupart des dirigeants d'entreprises considéraient que l'individu moyen éprouve une aversion innée pour le travail et qu'il fera tout pour l'éviter s'il en a la possibilité. Tous ces subalternes sans visage ont peur d'assumer des responsabilités, ils recherchent la sécurité et ils ont terriblement besoin d'être dirigés. En conséquence : « Les individus doivent être contraints, contrôlés, dirigés, menacés de sanctions, si l'on veut qu'ils fournissent les efforts à la réalisation des objectifs organisationnels. » Or, selon McGregor, les entreprises devraient adopter une vision différente et plus correcte de la condition humaine, selon laquelle aimer son travail pouvait être « aussi naturel que s'amuser ou se reposer ». La créativité et l'inventivité sont des qualités très courantes au sein de la population et dans des conditions favorables, les gens acceptent d'exercer des responsabilités et en ont même le désir [1].

Pour expliquer le contraste entre ces deux visions, McGregor s'est servi de l'autre extrémité de l'alphabet : il a appelé la première théorie X et la seconde théorie Y. Selon lui, un style de gestion reposant sur la théorie X ne pouvait qu'engendrer des résultats médiocres ou même catastrophiques. À partir du moment où l'on croyait à la

---

1. Douglas McGregor, *The Human Side of Enterprise : 25th Anniversary Printing*, New York, McGraw-Hill, 1985, p. 33-34.

« médiocrité des masses », selon ses propres termes, la médiocrité devenait elle-même indépassable. En revanche, la théorie Y ouvrait de vastes possibilités, non seulement du point de vue du potentiel de l'individu mais également du point de vue du profit de l'entreprise. Pour que les entreprises travaillent mieux et de façon plus rentable, il fallait donc que leurs dirigeants abandonnent la théorie X pour la théorie Y.

Une fois de plus, deux lettres de l'alphabet changeaient la donne, et la vision de McGregor n'allait pas tarder à faire école[1]. Un dessin vaut peut-être mille mots, mais parfois rien ne vaut deux lettres.

En m'inspirant de Meyer Friedman qui, lui-même, s'appuie sur McGregor, j'aimerais à mon tour m'aider des lettres de l'alphabet pour réfléchir sur la motivation humaine.

LE TYPE I ET LE TYPE X

Le système d'exploitation Motivation 2.0 était lié à ce que j'appellerai le comportement de type X. Le comportement de type X se nourrit davantage de désirs extrinsèques que de désirs intrinsèques. Il relève moins de la satisfaction inhérente à une activité et davantage des récompenses externes associées à cette activité. Le système d'exploitation Motivation 3.0 – cette nouvelle version qui s'impose pour répondre aux nouvelles réalités concernant notre

---

1. Malheureusement, son impact allait être plus important sur l'éducation que sur les entreprises. Un certain nombre de sociétés ont effectivement fait évoluer leurs pratiques en s'inspirant de la théorie Y, mais aujourd'hui encore, de nombreux dirigeants continuent – officieusement – de s'accrocher aux suppositions de la théorie X que McGregor avait caractérisées en 1960.

manière d'organiser, de réfléchir et d'agir – est lié à ce que j'appellerai le comportement de type I. Le comportement de type I est davantage déterminé par des désirs intrinsèques que par des désirs extrinsèques. Il est moins lié aux récompenses externes associées à une activité qu'à la satisfaction inhérente à cette activité. Le comportement de type X est caractérisé par le deuxième type de motivation, tandis que le comportement de type I est caractérisé par le troisième type de motivation.

Si nous voulons renforcer nos organisations, dépasser les mauvaises performances actuelles et comprendre ce qui ne fonctionne pas bien dans nos entreprises, dans notre vie et dans notre monde, il nous faut passer du type X au type I (j'utilise ces deux lettres pour bien distinguer ce qui est « extrinsèque » de ce qui est « intrinsèque » mais aussi pour rendre hommage à Douglas McGregor).

À coup sûr, en réduisant le comportement humain à deux catégories, on fait l'impasse sur un certain nombre de nuances. Personne ne se comporte constamment à 100 % selon le type X ou selon le type I. Il n'en demeure pas moins, cependant, que nous présentons des tendances souvent évidentes.

Vous comprenez sans doute ce que je veux dire. Songez à votre propre cas. Ce qui vous dynamise – ce qui vous permet de vous lever le matin et vous stimule durant la journée – provient-il de vous-même ou de l'extérieur ? Qu'en est-il de votre conjoint et de vos enfants, et de vos collègues ? Si vous êtes comme la plupart des gens que j'ai déjà rencontrés dans ma vie, vous avez sûrement une idée de la catégorie dans laquelle on peut classer telle ou telle personne [1].

---

1. Vous pouvez même faire un test avec une personne que vous ne connaissez pas. Si je vous dis, par exemple, que Jeff Skilling, ancien P-DG d'Enron, était du type X, tandis que Warren Buffett, le célèbre homme d'affaires américain, est du type I ? Salieri était du type X et Mozart était du type I. Le richissime Donald Trump est du type X,

Je ne veux pas dire que les personnes du type X passent toujours à côté du plaisir inhérent à leurs activités, ni que les personnes du type I sont réfractaires à toute forme de récompense extérieure. Cependant, chez les personnes du type X, les récompenses extérieures constituent le principal motivateur. Toute satisfaction plus profonde est la bienvenue, mais elle est secondaire. Au contraire, chez les personnes du type I, ce sont la liberté, le défi et l'objet même de l'entreprise qui constituent le principal motivateur. Les autres profits sont les bienvenus, mais plutôt comme un avantage supplémentaire.

Avant de poursuivre, il est bon d'avoir à l'esprit quelques autres distinctions :

Le comportement de type I est acquis, et non inné. Il ne s'agit pas de traits de personnalité invariables, mais de propensions issues d'une expérience et d'un contexte particuliers. Le comportement de type I, qui s'explique en partie par des besoins humains universels, ne dépend pas de l'âge, du sexe ni de la nationalité de la personne. La science montre que lorsqu'un individu assimile les pratiques et les attitudes fondamentales et lorsqu'il peut les faire siennes dans un contexte propice, il est bien plus motivé et il réussit finalement bien mieux. Toute personne de type X peut donc devenir une personne de type I.

À long terme, les personnes de type I font presque toujours mieux que les personnes de type X. Les personnes intrinsèquement motivées réussissent généralement mieux que celles qui recherchent des récompenses. Ce n'est malheureusement pas toujours vrai à court

---

et Oprah Winfrey, plus richissime encore, est du type I. Jack Welch, ancien P-DG de General Electric, est du type X, et Bruce Springsteen est du type I.

terme. Une fixation sur les récompenses extrinsèques peut en effet déboucher sur des résultats rapides. Le problème est que cette approche est difficilement durable, et qu'elle n'aide pas à parvenir à la maîtrise des processus, sans laquelle la réussite à long terme est difficile. Tout indique que les gens qui réussissent le mieux sont bien souvent ceux qui ne recherchent pas directement le succès. Ce sont des personnes qui travaillent dur et qui surmontent les difficultés en raison d'un désir intérieur de garder le contrôle de leur propre existence, de mieux connaître le monde qui les entoure et de réaliser quelque chose de durable.

Le comportement de type I ne consiste pas à dédaigner l'argent et les honneurs. Les personnes de type I ne sont pas plus indifférentes à l'argent que les personnes de type X. Si la rémunération d'un salarié n'atteint pas le seuil dont j'ai parlé au chapitre 2, c'est-à-dire si cette rémunération n'est pas adéquate ou si elle n'est pas équitable par rapport à celle d'autres personnes exerçant une activité similaire, la motivation de ce salarié diminuera, qu'il soit plutôt proche du type X ou du type I. En revanche, si sa rémunération atteint ce seuil, l'argent ne jouera pas le même rôle selon qu'il s'agira d'une personne de type X ou de type I. Une personne de type I encaisse aussi les chèques mais, s'il est aussi essentiel qu'elle touche une rémunération juste et équitable, c'est parce qu'ainsi, l'argent n'est plus un problème et cette personne peut alors se préoccuper plutôt du travail lui-même. Au contraire, pour les personnes de type X, c'est l'argent qui compte. C'est l'argent qui les motive. Il en est de même des honneurs. Les personnes de type I aiment voir leurs efforts reconnus, car la reconnaissance est une forme de retour, mais la reconnaissance n'est pas pour ces personnes une fin en soi comme c'est le cas pour les personnes de type X.

Le comportement de type I est une ressource renouvelable. Le comportement de type X pourrait être comparé au charbon et le type I à l'énergie solaire. Pendant longtemps, le charbon a été la ressource énergétique la moins chère, la plus facile à utiliser et la plus rentable. Le charbon présente cependant deux inconvénients. Tout d'abord, sa combustion produit des effets néfastes comme la pollution atmosphérique et les gaz à effet de serre. Ensuite, c'est une ressource qui n'est pas infinie et son exploitation devient de plus en plus difficile et coûteuse avec le temps. Il en est de même du comportement de type X, sachant que le fait de privilégier les récompenses et les sanctions produit des effets secondaires (voir chapitre 2). Les motivateurs conditionnels sont eux aussi de plus en plus coûteux. En revanche, le comportement de type I, qui repose sur la motivation intrinsèque, mobilise des ressources qui peuvent facilement se renouveler et engendre peu de dégâts. C'est l'équivalent d'une énergie propre : peu coûteux, sans risque et indéfiniment renouvelable.

Le comportement de type I favorise davantage le bien-être physique et mental. D'après de nombreuses études portant sur la théorie de l'autodétermination, les personnes qui privilégient l'autonomie et qui agissent en fonction de motivations intrinsèques ont une meilleure estime d'elles-mêmes, entretiennent de meilleures relations avec les autres et se sentent généralement bien mieux que les personnes qui ont besoin de motivations extrinsèques. Au contraire, les personnes qui agissent plutôt en fonction de motivations comme l'argent, la notoriété ou la beauté présentent généralement une moins bonne santé psychologique. Il existe même un lien entre le type X et le type A. Deci a observé que les personnes qui évoluaient dans un environnement de contrôle et de récompenses extrinsèques étaient plus embarrassées en public, davantage sur la défensive et plus susceptibles de présenter un comportement de type A [1].

Enfin, le comportement de type I dépend de trois éléments : l'autonomie dans l'activité, la maîtrise de l'activité et l'identification au but poursuivi. Le comportement de type I n'est pas induit par des forces extérieures, il vise à progresser dans une activité qui a de l'importance et cette recherche de l'excellence est associée à un objectif plus large.

Certains pourront trouver ces idées naïves ou idéalistes, mais la science nous indique le contraire. La science confirme que ce type de comportement est essentiel à l'être humain, et qu'aujourd'hui, dans une économie qui évolue rapidement, il est également essentiel à la réussite dans les activités professionnelles, dans la vie privée et dans toute forme d'organisation.

Nous avons le choix. Nous pouvons nous en tenir à une conception de la motivation humaine qui s'enracine davantage dans les vieilles habitudes que dans la science moderne. Ou bien nous pouvons tenir compte de ce que nous apprennent les chercheurs, adapter nos entreprises et notre vie privée au XXIe siècle et mettre au point un nouveau système d'exploitation qui nous permette de mieux travailler.

Ce ne sera pas facile. Cela ne se fera pas du jour au lendemain. Commençons donc dès à présent.

---

1. Ryan, Deci, « Self-Determination Theory and the Facilitation of Intrinsic Motivation, Social Development, and Well-Being », *ibid.*

II

LES TROIS ÉLÉMENTS : AUTONOMIE, MAÎTRISE ET FINALITÉ

5

L'AUTONOMIE

À Sydney, en Australie, à Mountain View, en Californie, ou encore à Charlottesville, en Virginie, en marge de l'économie, les idées périmées en matière de management laissent lentement mais sûrement la place à de nouvelles conceptions axées sur l'autonomie. C'est ainsi qu'un vendredi pluvieux à Charlottesville, à midi et des poussières, seulement le tiers des salariés de Jeff Gunther sont présents sur leur lieu de travail. Et pourtant, Gunther, qui est entrepreneur, P-DG et capitaliste, n'est ni inquiet ni fâché. Il est même aussi calme et concentré qu'un moine copiste. Peut-être est-ce parce que lui-même n'est arrivé à son bureau qu'il y a une heure environ. À moins que ce soit parce qu'il sait pertinemment que ses collaborateurs ne chôment pas. Ils travaillent, mais à leur propre manière.

Au début de l'année, Gunther a lancé une expérience d'autonomie chez Meddius, une des trois compagnies qu'il dirige et qui met au point des logiciels et du matériel pour les hôpitaux. Il en a fait une entreprise de type ROWE (*results-only work environment*) [1], c'est-à-dire un environnement de travail dans lequel seuls comptent les résultats.

---

1. En France, cet acronyme a été traduit par NETPRO (nouvel environnement de travail pour des résultats optimisés) dans *Pourquoi le travail nous emmerde. Et comment faire pour que ça change* (traduction de *Why Work Sucks and How to Fix It*), éditions Maxima, 2011.

Le concept de ROWE a été inventé par Carli Ressler et Jody Thompson, deux anciennes cadres des ressources humaines du groupe américain de grande distribution Best Buy. Les principes de ROWE associent le pragmatisme plein de bon sens de Benjamin Franklin au radicalisme échevelé de Saul Alinsky. Dans un environnement de travail de type ROWE, les horaires n'existent pas. Les gens se rendent au bureau quand ils en ont envie. Ils n'ont aucune obligation de s'y trouver à une heure donnée, ni même de s'y rendre. Tout ce qu'on leur demande est que le travail soit fait, à eux de décider comment, à quel moment et où.

Gunther, trentenaire, a trouvé l'idée très intéressante. « Le management ne consiste pas à faire le tour des bureaux pour vérifier que les gens y sont », m'a-t-il expliqué. Il s'agit de créer les conditions dans lesquelles les gens pourront faire de leur mieux. C'est pourquoi il s'est toujours efforcé de lâcher la bride à ses salariés. Pourtant, lorsque Meddius s'est agrandi, Gunther s'est demandé si des salariés adultes qui exerçaient des activités qualifiées avaient besoin d'être bridés de quelque manière que ce soit. C'est ainsi qu'au dîner de fin d'année de la société, en décembre 2008, il a annoncé à ses 22 salariés qu'une expérience allait être menée durant le premier trimestre de l'année à venir : Meddius allait devenir un ROWE.

« Au début, les gens n'ont pas joué le jeu », explique Gunther. Les bureaux ont continué à se remplir vers 9 heures et à se vider dans la soirée, exactement comme avant. Certains de ses collaborateurs avaient connu un environnement de travail extrêmement contrôlé et n'étaient pas du tout habitués à se voir octroyer une telle liberté de mouvement (là où avait travaillé l'un d'eux, il était impératif d'arriver à 8 heures et quiconque était en retard, même de quelques minutes seulement, était obligé de fournir une explication écrite à l'ensemble des collaborateurs). Au bout de quelques semaines, cependant, la plupart avaient trouvé leur propre rythme. La productivité était en hausse, et le personnel était moins stressé. Certes, deux salariés ne s'étaient pas adaptés à ce nouveau régime et avaient quitté l'entreprise, mais, à la fin de ces trois mois de test, Gunther décidait d'adopter définitivement la formule ROWE.

« Il y a des gens (en dehors de la société) qui m'ont pris pour un fou, raconte Gunther. Ils se sont demandé comment je pouvais savoir ce que faisaient mes salariés s'ils n'étaient pas là. » Or, d'après lui, ses collaborateurs en faisaient désormais davantage. Une raison à cela est qu'ils se préoccupaient du travail même au lieu de craindre de passer pour des tire-au-flanc en sortant à 15 heures pour aller assister au match de football de leur enfant. Dans la mesure où la plus grande partie de ses collaborateurs avaient une activité créative (développeurs, designers, etc.), c'était une chose essentielle. « Ce qu'ils font, c'est de la création. Et il leur faut beaucoup d'autonomie. »

Ses salariés avaient toujours des objectifs spécifiques à atteindre, comme par exemple terminer un projet à une certaine date ou réaliser un certain volume de ventes. S'ils avaient besoin d'aide, Gunther était là. Pour lui, cependant, aucun avantage matériel ne devait être lié à ces objectifs. « Cela crée une culture selon laquelle seul l'argent compte, plus que le travail. L'argent n'est qu'un motivateur de départ », explique-t-il. Il faut que les gens soient bien payés et qu'ils aient la possibilité de s'occuper de leur famille. Cependant, dès lors que l'entreprise satisfait à ces conditions de base, l'argent n'influe plus beaucoup sur la performance ni sur la motivation. Gunther estime même que dans un environnement ROWE, les salariés sont bien moins susceptibles de changer d'emploi pour une augmentation de salaire annuelle de 7 000 ou même 14 000 euros. La liberté dont ils disposent pour faire du bon travail a plus de valeur à leurs yeux qu'une hausse du salaire, et leurs conjoints et leurs familles sont parmi les plus ardents défenseurs de ROWE.

« Davantage de sociétés passeront à [ce système] à mesure qu'il y aura davantage de dirigeants de mon âge, dit Gunther. La génération de mon père voit les êtres humains comme des ressources humaines. Ce sont les briques dont on a besoin pour bâtir la maison. Pour moi, c'est un partenariat entre mes salariés et moi. Ce ne sont pas des ressources. Ce sont des partenaires. » Et un partenaire, comme chacun de nous, a besoin de diriger lui-même sa propre vie.

LES SALARIÉS SONT-ILS DES JOUEURS OU DES PIONS ?

Nous oublions parfois que le « management » n'est pas une émanation de la nature, comme un arbre ou un fleuve, mais une invention humaine, au même titre que la télévision ou le vélo. Comme l'a fait remarquer le gourou de la stratégie Gary Hamel, le management est une technologie. À l'instar de Motivation 2.0, c'est une technologie qui a fait son temps. Certaines entreprises ont mis un peu d'huile dans les rouages, mais beaucoup d'autres ont simplement cherché à donner le change et leurs méthodes de direction ont peu évolué depuis un siècle. Elles restent fondées sur le contrôle et leurs principaux outils restent les motivateurs extrinsèques. Elles ne sont donc plus en phase avec les compétences créatives dont dépendent souvent aujourd'hui les économies du globe. Mais la faiblesse la plus visible du management n'est-elle pas plus fondamentale encore ? Le management, tel qu'il est actuellement, est-il seulement en phase avec la nature humaine ?

L'idée de management ou de gestion (dans le sens de la gestion des salariés plutôt que de la gestion d'une chaîne d'approvisionnement par exemple) repose sur certaines hypothèses concernant la nature fondamentale des personnes que l'on gère. On suppose que les individus, pour agir et pour aller de l'avant, ont besoin d'un stimulant : c'est-à-dire qu'en l'absence de récompense et de sanction, les gens resteraient inertes et prendraient plaisir à ne rien faire. On suppose aussi qu'à partir du moment où les individus s'activent, ils ont besoin d'être guidés, faute de quoi ils s'égareraient.

Or, est-ce vraiment là notre nature ? Pour utiliser une autre métaphore informatique, est-ce vraiment là notre « réglage par défaut » ? Sommes-nous naturellement, depuis la naissance, voués à la passivité et à l'inertie ?

Pour ma part, je suis convaincu que nous sommes plutôt voués à l'action et à l'implication. Je pense que nous sommes fondamentalement portés à être curieux et autonomes. Je l'affirme non pas en vertu de je ne sais quel idéalisme naïf, mais parce que j'ai observé de jeunes enfants. Ma femme et moi en avons trois. Avez-vous déjà vu un bébé de six mois ou d'un an qui ne montrait pas de curiosité ni de propension à agir par lui-même ? Pas moi. Notre véritable nature, la voilà. Si quelqu'un est passif et inerte, que ce soit à 14 ans ou à 43 ans, ce n'est pas parce que c'est sa nature. C'est parce que quelque chose est venu modifier son réglage par défaut.

Ce quelque chose pourrait bien être le management. Celui-ci ne concerne pas seulement la façon dont les patrons traitent leurs employés, c'est aussi une philosophie de l'entreprise qui s'est introduite dans l'éducation, dans les familles et dans bien d'autres aspects de notre existence. Le management n'est peut-être pas la *réponse* à cet état d'inertie et de passivité qui serait notre état naturel mais plutôt une des forces qui modifient notre réglage par défaut et qui *produisent* cet état.

Ce phénomène n'est toutefois pas aussi sournois qu'il peut le sembler. L'inhibition partielle de notre nature au nom de l'économie et de la survie peut être un changement sensible. C'est ce qui est arrivé à mes ancêtres comme aux vôtres, et même aujourd'hui, il arrive que nous n'ayons pas le choix.

Cependant, de nos jours, ce n'est plus l'inhibition de notre nature qui permet la réussite économique, pour ne pas parler de l'épanouissement personnel. Il importe au contraire de laisser notre nature s'exprimer. Pour cela, nous devons résister à la tentation de vouloir contrôler les gens et faire tout notre possible pour réveiller leur sens de l'autonomie, cette faculté innée de se conduire soi-même qui est au cœur de Motivation 3.0 et du comportement de type I.

Cette qualité essentielle qui est dans la nature de l'être humain est fondamentale pour la théorie de l'autodétermination (TAD). Comme je l'ai expliqué dans le chapitre précédent, Deci et Ryan considèrent l'autonomie comme un des trois besoins fondamentaux de l'être humain. Et sur les trois, c'est le plus important : le soleil autour duquel tournent les planètes de la TAD. Dans les années 1980, à mesure qu'ils progressaient dans leurs travaux, Deci et Ryan ont abandonné la distinction entre comportement motivé extrinsèquement et comportement motivé intrinsèquement au profit d'une distinction entre comportement contrôlé et comportement autonome : « La motivation autonome consiste à se comporter selon son propre gré et ses propres choix, tandis que la motivation contrôlée consiste à se comporter en fonction de pressions et d'exigences de résultats spécifiques provenant de forces perçues comme étant externes à soi-même [1]. »

L'autonomie, selon la conception de Deci et Ryan, n'est pas la même chose que l'indépendance. Ce n'est pas l'individualisme abrupt du cow-boy solitaire qui ne compte sur personne d'autre que lui. C'est agir en faisant des choix, dans le sens où nous pouvons cultiver à la fois l'autonomie et l'interdépendance. Si la notion d'indépendance évoque surtout l'indépendance nationale et politique, l'autonomie est sans doute une caractéristique de l'être humain en général. Des chercheurs ont aussi mis en évidence un lien entre l'autonomie et le bien-être global, non seulement en Amérique du Nord et en Europe occidentale mais aussi en Russie, en Turquie et en Corée du Sud. Même dans des contrées très pauvres comme le Bangladesh, on a pu constater que les gens recherchaient l'autonomie et que l'autonomie rendait leur existence meilleure [2].

Le sentiment d'être autonome exerce un effet notable sur la performance et sur l'attitude d'un individu. Selon une série d'études récentes dans le domaine de la science du comportement, l'autonomie permet d'avoir une meilleure compréhension des concepts, d'obtenir de meilleurs résultats scolaires, d'être plus persévérant en classe et dans les activités sportives, d'être plus productif,

---

1. Edward L Deci, Richard M. Ryan, « Facilitating Optimal Motivation and Psychological Well-Being Across Life's Domains », *Canadian Psychology*, 49, n° 1, février 2008, p. 14.

2. Valery Chirkov, Richard M. Ryan, Youngmee Kim, Ulas Kaplan, « Differentiating Autonomy from Individualism and Independence : A Self-Determination Theory Perspective on Internalization of Cultural Orientations and Well-Being », *Journal of Personality and Social Psychology*, 84, janvier 2003 ; Joe Devine, Laura Camfield, Ian Gough, « Autonomy or Dependence – or Both ? : Perspectives from Bangladesh », *Journal of Happiness Studies*, 9, n° 1, janvier 2008.

de moins échouer et de se sentir psychologiquement mieux [1]. Ces effets s'observent aussi dans le monde du travail. En 2004, Deci et Ryan, avec la collaboration de Paul Baard de l'université de Fordham, ont réalisé une étude sur le personnel d'une banque américaine. Les trois chercheurs ont constaté que ceux des salariés qui s'étaient vu octroyer une « aide à l'autonomie » étaient davantage satisfaits de leur travail. Leurs responsables hiérarchiques savaient voir les problèmes du point de vue de leurs subordonnés, leur faisaient des retours en donnant des informations utiles, les laissaient choisir ce qu'ils devaient faire et comment ils devaient le faire et les incitaient à se lancer dans de nouveaux projets. Plus satisfaits de leur travail, les salariés devenaient plus performants. En outre, les avantages que l'autonomie apporte aux individus s'étendent à l'organisation dont ils font partie. Ainsi, par exemple, des chercheurs de l'université Cornell ont étudié trois cent vingt petites entreprises dont la moitié accordaient l'autonomie à leurs salariés tandis que les autres pratiquaient des méthodes de direction traditionnelles. Les premières connaissaient un taux de croissance quatre fois plus élevé et une rotation du personnel trois fois moindre [2].

Pourtant, trop d'entreprises restent lamentablement en retard par rapport à la science. Au XXIe siècle, on continue de croire que les employés sont des pions et non des joueurs. L'économiste britannique Francis Green, pour ne citer qu'un exemple, voit ainsi dans le

---

1. Deci, Ryan, « Facilitating Optimal Motivation and Psychological Well-Being Across Life's Domains », *ibid.*, citant un certain nombre d'autres études.

2. Paul P. Baard, Edward L. Deci, Richard M. Ryan, « Intrinsic Need Satisfaction : A Motivational Basis of Performance and Well-Being in Two Work Settings », *Journal of Applied Social Psychology*, 34, 2004.

manque de liberté individuelle au travail la principale explication à la baisse de productivité et de satisfaction des travailleurs au Royaume-Uni [1]. Le management reste largement focalisé sur la supervision, les récompenses conditionnelles et autres formes de contrôle, comme le montre Motivation 2.1, en dépit de son approche plus douce et moins contraignante et de ses notions d'« autonomisation » et de « flexibilité ».

Il suffit en effet de considérer la notion même d'« autonomisation » : elle suppose que c'est l'entreprise qui détient le pouvoir et qu'elle en verse charitablement quelques louchées dans les bols de ses salariés reconnaissants. Or, ce n'est pas d'autonomie qu'il s'agit là mais seulement d'une forme légèrement plus civilisée de contrôle. De même pour ce que les entreprises appellent « horaires flexibles ». Ressler et Thompson parlent d'une « arnaque », et ils ont raison. La flexibilité ne fait qu'écarter un peu les barreaux et ouvrir de temps en temps des portes, ce qui en fait toujours une forme de contrôle. Ces termes reflètent d'ailleurs des présomptions qui sont anachroniques et contraires à la nature humaine. En un mot, le management n'est pas la solution mais le problème.

Il serait temps de cesser d'employer le mot même de management. Ce qu'il nous faut aujourd'hui, ce n'est pas un meilleur management mais une renaissance de l'autonomie.

---

1. Francis Green, Demanding Work : The Paradox of Job Quality in the Affluent Economy, Princeton, New Jersey, Princeton University Press, 2006.

Les quatre conditions essentielles
de l'autonomie

En 2002, Scott Farquhar et Mike Cannon-Brookes, deux Australiens candides fraîchement sortis de l'université, empruntaient 10 000 dollars (environ 7 000 euros) pour monter une société de création de logiciels. Ils choisirent de l'appeler Atlassian, en référence au titan Atlas de la mythologie grecque qui portait le monde sur ses épaules. Ils se lançaient ainsi dans une concurrence avec les plus grands noms de l'informatique. Leur projet semblait farfelu, mais aujourd'hui, il semble qu'ils aient été bien inspirés. Grâce à une excellente qualité de programmation et à des méthodes de gestion intelligentes, Atlassian a aujourd'hui atteint un chiffre d'affaires annuel d'environ 25 millions d'euros et emploie près de 200 personnes dans des bureaux situés à Sydney, à Amsterdam et à San Francisco.

Cependant, comme tout bon entrepreneur, Cannon-Brookes reste éternellement insatisfait. Ayant vu des entreprises réussir puis stagner ou disparaître, il voudrait éviter que la sienne connaisse le même sort. Aussi, pour encourager encore davantage la créativité et pour être sûr que les programmeurs d'Atlassian se plaisent dans leur travail, il a décidé de les inciter ponctuellement à consacrer une journée à un problème de leur choix, même si c'est en dehors de leur activité habituelle.

Ce jour « spécial créativité » a donné naissance à plusieurs idées de nouveaux produits et a permis d'apporter un certain nombre de corrections à des logiciels existants. Cannon-Brookes a alors décidé de faire de cette pratique un élément permanent de la culture d'Atlassian. Désormais, une fois par trimestre, les ingénieurs de cette entreprise disposent de vingt-quatre heures pour travailler sur un problème logiciel de leur choix, mais « pour qu'ils sortent de la routine », il *faut* que ce problème ne fasse pas partie de leur travail habituel.

Tout commence un jeudi à 14 heures. Les ingénieurs, parmi lesquels Cannon-Brookes lui-même, font ce qu'ils veulent avec qui ils veulent. Un certain nombre d'entre eux travaillent toute la nuit. Le vendredi à 16 heures, au cours d'un pot convivial, chacun montre à ses collègues le résultat de son travail. Chez Atlassian, ces vingt-quatre heures de liberté créative sont appelées les « FedEx Days », sachant qu'il faut « livrer » quelque chose le lendemain. Et des livraisons, il y en a eu chez les « Atlassiens ». Ce petit exercice original a déjà permis, depuis quelques années, toute une série d'améliorations logicielles qui, autrement, n'auraient jamais vu le jour. Comme le dit un des ingénieurs : « Un des trucs les plus chouettes que nous ayons produits vient des "FedEx Days". »

Il ne s'agit pas d'un plan rémunéré reposant sur les hypothèses mécaniques de Motivation 2.0, mais d'un plan d'autonomie joliment inspiré de Motivation 3.0. « Nous avons toujours considéré que l'argent n'était qu'une chose sur laquelle on pouvait perdre, me dit Cannon-Brookes. Quand on ne paye pas assez, on risque de perdre des gens. Mais au-delà, l'argent n'est pas un motivateur. Ce qui compte, ce sont ces autres facteurs. » Et ce que découvrent certaines entreprises confrontées aux défis de demain est qu'un de ces facteurs essentiels est l'autonomie, et plus particulièrement l'autonomie dans quatre aspects du travail. Comme l'indique l'expérience d'Atlassian, le comportement de type I se généralise quand les gens sont autonomes dans ces quatre domaines :

– ce qu'ils font,
– quand ils le font,
– comment ils le font,
– avec qui ils le font.

Décider de ce que l'on fait

Cannon-Brookes n'était pas encore satisfait. Les « FedEx Days » étaient une réussite, mais cette formule avait un défaut : « On créait quelque chose en 24 heures, mais on n'avait plus de temps pour y travailler ensuite. » Cannon-Brookes et son associé Farquhar ont donc décidé de miser davantage encore sur l'autonomie. Au printemps 2008, ils ont annoncé qu'au cours des six prochains mois, les développeurs de la société pourraient consacrer 20 % de leur temps – plutôt que seulement une période intensive de 24 heures – à un projet de leur choix. Comme Cannon-Brookes l'a expliqué à son personnel sur un blog : « Un ingénieur de start-up doit tout faire : c'est à la fois un développeur de logiciels à plein temps et un chef de produit, un gourou du support clientèle et un virtuose des systèmes internes à temps partiel. Avec la croissance de sa société, l'ingénieur passe moins de temps à fabriquer ce qu'il veut lui-même incorporer au produit. Nous espérons que ces 20 % de temps permettront aux ingénieurs de retrouver du temps – sous leur propre direction – à consacrer à l'innovation sur les produits, aux fonctionnalités, aux plugins, aux améliorations ou ajouts qui leur paraîtront les plus importants [1]. »

Cette pratique est liée à une solide tradition et la façon dont elle est exprimée aujourd'hui est connue. La compagnie américaine 3M en a été la pionnière. Dans les années 1930 et 1940, le P-DG de 3M était William McKnight, un homme aussi réservé dans sa façon d'être que visionnaire dans sa façon de penser. Son credo était simple et en même temps subversif pour l'époque : « Embaucher les bonnes personnes, et les laisser seules. »

---

1. Mike Cannon-Brookes, « Atlassian's 20 % Time Experiment », Atlassian Developer Blog, 10 mars 2008.

Bien avant qu'il soit à la mode chez les dirigeants d'entre-prises de vanter « l'autonomisation », il avait plaidé avec ferveur pour l'autonomie. « Si ces hommes et femmes à qui nous déléguons l'autorité et la responsabilité sont des gens compétents, ils voudront faire leur travail à leur propre manière », écrivait-il en 1948 [1]. McKnight inci-tait même ses salariés à se lancer dans ce qu'il appelait le « gribouillage expérimental ».

Porté par ces idées peu orthodoxes, cet improbable hérétique du patronat a institué une nouvelle politique : désormais, les membres du personnel technique de 3M pourraient consacrer jusqu'à 15 % de leur temps à des projets de leur choix. Cela semblait si contraire aux prin-cipes de Motivation 2.0, si illégitime que les salariés en parlaient comme d'une « politique de contrebande ». Et cependant, ce fut un succès. Ces jardins intérieurs de l'autonomie n'ont pas tardé à devenir des champs fertiles permettant de récolter des innovations en quantité : entre autres, les fameux Post-it. C'est en effet pendant ses 15 % de temps créatif qu'Art Fry, un scientifique, a eu cette idée. Aujourd'hui, les Post-it représentent un commerce monumental : 3M vend plus de six cent pro-duits de type Post-it dans plus d'une centaine de pays. L'impact culturel de cette invention est peut-être plus remarquable encore. Songeons que si McKnight n'avait pas dans le passé la volonté de promouvoir l'autono-mie, nous n'aurions pas ces petits bouts de papier jaune collés sur nos écrans d'ordinateur ! Comment ferions-nous ? D'après l'ancien directeur de la recherche-développement de 3M, la plupart des inventions que cette compagnie exploite aujourd'hui encore trouvent

---

1. Citation extraite de *Harvard Business Essentials : Managing Crea-tivity and Innovation*, Boston, Massachusetts, Harvard Business School Press, 2003, p. 109.

leur origine dans ces moments de gribouillage expérimental [1].

Chez 3M, on continue de pratiquer la méthode
d'innovation de McKnight, mais seul un nombre étonnamment réduit d'autres sociétés ont suivi cette direction, malgré des résultats probants. La compagnie la plus
connue qui ait adopté cette méthode est Google, qui
encourage depuis longtemps ses ingénieurs à consacrer
un jour par semaine à un projet secondaire. Certains
mettent à profit ces « 20 % » pour améliorer un produit
existant, mais la plupart les emploient à créer quelque
chose d'entièrement nouveau. Bien entendu, Google ne
revendique pas la propriété intellectuelle de ce qui est
créé durant ces 20 % du temps : ce qui est sage. Au
cours d'une année type, plus de la moitié des innovations
de Google naissent pendant ces périodes de pure autonomie. Ainsi, par exemple, c'est pendant ses 20 % de temps
d'autonomie totale que le scientifique Krishna Bharat,
frustré par la difficulté de trouver les actualités en ligne,
a créé Google News. Ce site reçoit maintenant plusieurs
millions de visiteurs par jour. Paul Bucheit, alors qu'il
était ingénieur chez Google, avait créé Gmail pendant
ses 20 % de temps d'autonomie. Gmail est aujourd'hui
une des messageries électroniques les plus utilisées du
monde. Un certain nombre d'autres produits Google ont
été créés dans des conditions similaires, entre autres
Orkut (le logiciel de réseau social de Google), Google
Talk (son application de messagerie instantanée), Google

---

1. Cette observation vient d'un ancien dirigeant de 3M, Bill
Coyne, cité dans Ben Casnocha, « Success on the Side », *The Ameri-
can : The Journal of the American Enterprise Institute*, avril 2009. On
trouve un joli aperçu des pratiques de 3M dans James C. Collins et
Jerry L. Porras, *Built to Last : Successful Habits of Visionary Companies*,
New York, HarperBusiness, 2004.

Sky (qui permet aux internautes passionnés par l'astronomie d'observer des vues de l'univers) et Google Translate (son logiciel de traduction). Comme l'a déclaré Alec Proudfoot, ingénieur chez Google, au cours d'une interview à la télévision : « Pratiquement toutes les bonnes idées, ici, chez Google, ont germé pendant ces 20 % de temps [1]. »

Si l'on revient à Atlassian, l'expérience des 20 % a apparemment été positive. Au cours de ce qui aura été finalement un essai d'un an, les développeurs ont lancé 48 nouveaux projets. C'est ainsi qu'en 2009, Cannon-Brookes a décidé de pérenniser cette dose d'autonomie dans le travail. Cette décision n'a pas convenu à tout le monde. Selon les calculs de Cannon-Brookes, 70 ingénieurs consacrant 20 % de leur temps sur une période de six mois seulement représentaient un investissement de 72 000 euros. Le directeur financier de la compagnie était effaré. Certains managers n'étaient pas contents – malgré les méthodes avant-gardistes d'Atlassian, la société continue d'utiliser le mot « manager » – car ils étaient obligés de céder une partie de leur pouvoir à leurs subordonnés. Quand ils ont voulu contrôler le temps de travail de ces derniers pour s'assurer qu'ils n'abusaient pas de la situation, Cannon-Brookes s'y est opposé : « C'était trop contraignant. Je voulais soutenir nos ingénieurs et leur faire confiance. D'ailleurs, ils sont plus performants dans les 20 % que pendant leur temps de travail régulier. Pour eux, il n'est pas question d'aller s'amuser sur Facebook. »

Maintenant, quand un financier fait valoir que cette expérience coûte trop cher, Cannon-Brookes sait exactement quoi faire : « Je lui montre la longue liste de tout ce

1. Erin Hayes, « Google's 20 Percent Factor », *ABC News*, 12 mai 2008.

que nous avons fait. Je lui montre que nous n'avons aucune démission parmi les ingénieurs. Et je lui montre que nous avons des ingénieurs très motivés qui s'efforcent toujours d'améliorer et de parfaire notre produit. »

L'autonomie dans le travail est un des aspects essentiels de l'approche Motivation 3.0, et cela ne vaut pas seulement pour les sociétés spécialisées dans les nouvelles technologies. Au centre hospitalier universitaire Georgetown de Washington, par exemple, les infirmières ont souvent toute latitude pour mener à bien leurs propres projets de recherche. Il en résulte un certain nombre de changements dans les programmes et les méthodes [1]. Les mesures en faveur de l'autonomie peuvent donc être efficaces dans divers domaines, constituant ainsi une source prometteuse d'innovations et même de réformes des institutions.

Des initiatives comme les « FedEx Days » et les projets réalisés dans ce cadre particulier ne sont pas toujours faciles à mener lorsque l'on doit servir des clients au quotidien, expédier des produits ou résoudre des problèmes. Cependant, il devient urgent d'adopter ces méthodes dans une économie qui exige des capacités créatives et conceptuelles. Les artistes et les graphistes ne peuvent qu'approuver, car l'autonomie dans le travail est depuis longtemps une des conditions fondamentales qui leur permettent de créer. De bons dirigeants (par opposition aux « managers » compétents) le comprennent très bien.

Un bon exemple est celui de George Nelson, qui a été pendant longtemps directeur du design chez Herman Miller, le fameux fabricant de meubles américain. Il avait énoncé un jour cinq principes simples qui, selon lui,

---

1. V. Dion Hayes, « What Nurses Want », *Washington Post*, 13 septembre 2008.

constituaient la base d'un bon design. L'un de ces principes pourrait servir de cri de ralliement aux défenseurs de l'autonomie : « C'est vous qui décidez ce que vous allez faire. »

Décider du moment où on travaille

Vous êtes-vous déjà demandé pourquoi les avocats, et tous les gens de droit en général, ont l'air moins heureux que les autres ? Certains chercheurs en sciences sociales se sont posé cette question et ont proposé trois explications. La première a trait au pessimisme. Le pessimisme est presque toujours le meilleur moyen de réduire ce que les psychologues appellent le « bien-être subjectif ». Dans la plupart des métiers, le pessimisme est un handicap, mais comme l'écrit Martin Seligman, « il existe une exception flagrante : les pessimistes réussissent mieux dans le droit ». En d'autres termes, une attitude qui vous rend moins heureux fait de vous un meilleur avocat[1]. Une autre raison est que la plupart des autres activités engendrent un résultat globalement positif : si je vous vends un article que vous vouliez et qui vous convient, nous nous en trouvons mieux l'un et l'autre. En revanche, le droit est souvent (pas toujours) un jeu à somme nulle : ce que l'un gagne, l'autre le perd.

La troisième raison pourrait cependant constituer la meilleure de toutes les explications et nous permettre de comprendre pourquoi si peu d'avocats présentent un

---

1. Martin Seligman, *Authentic Happiness : Using the New Positive Psychology to Realize Your Potential for Lasting Fulfillment*, New York, Free Press, 2004, p. 178 ; Paul R. Verkuil, Martin Seligman, Terry Kang, « Countering Lawyer Unhappiness : Pessimism, Decision Latitude and the Zero-Sum Dilemma Cardozo Law School », *Public Research Paper* n° 19, septembre 2000.

comportement de type I. Les avocats sont souvent confrontés à d'importantes demandes et à de nombreuses contraintes, tandis que leur marge de décision est relativement réduite. Nous parlons des choix réels ou perçus dont ils disposent, et c'est une façon de parler de l'autonomie. Chez les avocats, cette privation relative des possibilités de choix commence tôt. Dans une étude réalisée en 2007 dans deux facultés de droit américaines, on a constaté que sur une période de trois années scolaires, le bien-être des étudiants diminuait, en grande partie parce que leur besoin d'autonomie se trouvait contrarié. Cependant, chez les étudiants qui bénéficiaient d'une plus grande autonomie dans le choix des cours et des travaux à réaliser et dans leurs relations avec les professeurs, cette réduction du bien-être était bien moindre et ces étudiants obtenaient de meilleures notes aux examens [1].

Malheureusement, le droit privé est peut-être l'activité dans laquelle on peut trouver la pratique la plus incompatible qui soit avec l'autonomie : la facturation horaire. La plupart des avocats – et pratiquement tous les avocats dans les cabinets les plus grands et les plus prestigieux – doivent consigner scrupuleusement l'emploi qu'ils font de leur temps, parfois par tranches de six minutes. S'ils ne facturent pas assez d'heures, ils se retrouvent sur la sellette. Ils ont donc inévitablement tendance à privilégier non pas le *résultat* de leur travail (la résolution du problème d'un client) mais le *chiffre* (facturer le plus d'heures possible). Si c'est le temps qui détermine la rémunération, alors c'est du temps qui sera produit. Ce

---

1. Kennon M. Sheldon, Lawrence S. Krieger, « Understanding the Negative Effects of Legal Education on Law Students : A Longitudinal Test of Self-Determination Theory », Personality and Social Psychology Bulletin, 33, juin 2007.

genre d'objectifs mesurables et lourds d'enjeux est susceptible de ruiner la motivation intrinsèque, de saper l'initiative des individus et même de favoriser un comportement contraire à la morale. Comme l'avait un jour déclaré William Rehnquist, ancien président de la Cour suprême américaine : « Si quelqu'un est censé facturer plus de deux mille heures en un an, il sera nécessairement tenté de gonfler le nombre d'heures réellement travaillées [1]. »

La facturation horaire est un reliquat de Motivation 2.0. Elle peut se justifier pour des tâches mécaniques comme le montage des portières de voitures ou le calcul des déductions fiscales sur une déclaration d'impôt, c'est-à-dire là où existe un lien étroit entre le temps passé et la quantité de travail effectuée. Dans ce cas, si l'on suppose que les salariés sont naturellement enclins à flemmarder, un contrôle de leurs horaires peut les en dissuader.

Cependant, la facturation horaire ne saurait avoir sa place dans le contexte de Motivation 3.0. Pour des tâches non routinières, entre autres le droit, le lien entre le temps passé et la production est irrégulier et imprévisible. Pourrait-on imaginer l'inventeur Dean Kamen ou l'actrice Helen Mirren facturer leurs prestations à l'heure ? Si nous partons d'une hypothèse plus pertinente, selon laquelle les gens ont envie de faire du bon travail, nous devons les laisser se soucier du travail lui-même plutôt que du temps que ce travail va leur prendre. Certains cabinets d'avocats s'orientent déjà vers cette nouvelle approche, plus en phase avec le type I, et pratiquent des honoraires forfaitaires plutôt qu'au temps passé. Un associé et porte-parole d'un des plus grands

---

1. William H. Rehnquist, *The Legal Profession Today*, 62 Ind. L.J. 151, 153 (1987).

cabinets d'avocats de New York a récemment déclaré :
« Il est temps d'en finir avec la facturation horaire [1]. »

Le contraire de la facturation horaire, ce serait les
conditions de travail instituées par Jeff Gunther dans ses
sociétés, dans lesquelles seuls comptent les résultats. La
première grande entreprise à avoir adopté l'approche
ROWE est Best Buy : non pas dans ses magasins, mais
dans ses bureaux de direction. À l'instar des 15 % chez
3M, l'adoption de l'approche ROWE chez Best Buy a
commencé sous la forme d'un projet en apparence fri-
vole, lancé par Ressler et Thompson, que j'ai déjà cités
précédemment et qui sont devenus, depuis, des gourous
du ROWE qui cherchent à faire connaître au monde
entier les bienfaits de l'autonomie. Le siège de Best Buy
à Richfield, dans le Minnesota, est spacieux, moderne et
l'on y trouve un concierge, des cafés et une boutique
de nettoyage à sec. Or, cette société avait auparavant la
réputation de punir les salariés qui ne faisaient pas assez
d'heures et de les harceler, avec pour conséquence le
départ des meilleurs éléments. Brad Anderson, P-DG de
Best Buy, a accepté la proposition originale de Ressler et
de Thompson, car cela incitait les gens « à contribuer
plutôt qu'à simplement faire acte de présence et gaspiller
leur temps [2] ».

Aujourd'hui, au siège de Best Buy, on compte davantage de salariés travaillant sans horaire, selon l'approche
ROWE, que de salariés respectant un horaire régulier.
Bien que l'électronique grand public soit un secteur dans
lequel la concurrence est féroce, Best Buy suit son propre

---

1. Jonathan D. Glater, « Economy Pinches the Billable Hour at
Law Firms », *New York Times*, 19 janvier 2009.
2. Cali Ressler, Jody Thompson, *Why Work Sucks and How to Fix
It*, traduit en France par Sylvain Taraborrelli sous le titre *Pourquoi le
travail nous emmerde. Et comment faire pour que ça change, op. cit.*

chemin, sur les marchés comme dans sa quête de talents. À propos des résultats obtenus par la compagnie en appliquant la méthode ROWE, Tamara Erickson écrit dans *Harvard Business Review* : « Les salariés passent le temps qu'il faut à faire leur travail. Dans ce programme, des salariés payés à l'heure travaillent un nombre d'heures fixé pour respecter la réglementation fédérale du travail, mais ils choisissent eux-mêmes leurs horaires. Chez ces salariés, les relations avec les proches et les amis sont meilleures, ils sont plus loyaux envers la compagnie, plus consciencieux et consacrent davantage d'énergie à leur travail. La productivité a augmenté de 35 % et le nombre de départs volontaires est inférieur de 320 points par rapport aux équipes qui n'ont pas adopté ce changement. Les salariés disent qu'ils ignorent s'ils travaillent moins d'heures : ils ont arrêté de compter [1]. »

Si nous ne sommes pas maîtres de notre temps, l'autonomie est pratiquement impossible pour nous. Certaines organisations de type I commencent à admettre cette vérité concernant la condition humaine et à réajuster leurs pratiques. Sans aucun doute, d'autres organisations suivront. « Dans le passé, le travail était principalement défini par l'horaire, et de façon secondaire par l'obtention de résultats. Il nous faut quitter ce modèle, me dit Ressler. Quelle que soit l'activité dans laquelle on est, il est temps d'en finir avec les billets de retard, les horloges pointeuses et les idées dépassées de l'ère industrielle. »

Choisir la technique utilisée

Quand vous téléphonez à un service clientèle pour faire une réclamation ou pour obtenir de l'aide, vous atterrissez généralement dans une salle sans décor et sans

---

1. Tamara J. Erickson, « Task, Not Time : Profile of a Gen Y Job », *Harvard Business Review*, 19, février 2008.

saveur dénommée « centre d'appels ». La personne qui vous répond a un travail difficile. Elle reste assise pendant plusieurs heures dans un des nombreux compartiments exigus alignés les uns contre les autres, avec un casque sur les oreilles et un soda à l'aspartame posé à côté d'elle. Son salaire est dérisoire et les gens n'appellent généralement pas pour la féliciter ni pour lui demander ce qu'elle fera de son week-end. Ils ont une réclamation à faire, une frustration à exprimer, un problème à régler, et il faut que ce soit réglé tout de suite.

Comme si cela ne suffisait pas, les opérateurs des centres d'appels ont une marge de décision très réduite et leur travail est souvent tout ce qu'il peut y avoir de plus répétitif et routinier. Quand un opérateur reçoit un appel, il écoute l'appelant, puis, dans la plupart des cas, il pianote sur le clavier de son terminal pour dérouler un script. Il doit suivre ce script, parfois mot à mot, et tout ce qu'il espère est de parvenir à se débarrasser de son correspondant le plus vite possible. Ce travail peut être abrutissant, et le pire est que bien souvent, le directeur du centre, par souci d'accroître la productivité, écoute les conversations et contrôle la durée des appels. Il ne faut donc pas s'étonner que dans les pays occidentaux, le taux de rotation du personnel soit voisin de 35 % en moyenne, deux fois plus élevé que dans les autres métiers. Dans les centres d'appels, le taux de rotation annuel du personnel dépasse même parfois 100 %, ce qui signifie qu'aucune des personnes qui travaillent aujourd'hui dans un centre n'y travaillera encore dans un an.

Tony Hsieh, fondateur de la société de vente de chaussures en ligne Zappos.com (aujourd'hui filiale d'Amazon.com), s'est dit qu'il devait exister un meilleur moyen de recruter, de former et de motiver le personnel. Les nouvelles recrues de Zappos ont donc droit à une semaine de formation, après quoi Hsieh leur fait une proposition. Si elles ont l'impression que Zappos ne leur convient pas et si elles ont envie de partir, elles reçoivent 2 000 dollars (environ 1 500 euros). Sans rancune ! Hsieh s'attaque au système d'exploitation Motivation 2.0 comme un petit génie de l'informatique. Il se sert d'une récompense conditionnelle non pas pour inciter les salariés à être plus performants, mais pour éliminer les candidats qui n'ont pas le bon profil pour travailler dans un environnement Motivation 3.0. Ceux qui restent recevront une rémunération correcte, mais ce qui est tout aussi important, c'est qu'ils seront techniquement autonomes. Zappos ne contrôle pas le temps de travail de ses salariés du service clientèle et ne leur demande pas d'utiliser des scripts. Ils répondent aux appels de la façon qui leur convient. Leur travail consiste à bien servir les clients. À eux de décider comment ils doivent s'y prendre.

Quels sont les résultats de cette politique privilégiant l'autonomie en termes de technique ? Le taux de rotation du personnel est très faible, et bien que la société soit très jeune, elle est constamment classée parmi les meilleures entreprises américaines du point de vue du service clientèle. Dans ce classement, elle figure devant des noms plus connus comme Cadillac, BMW et Apple et se classe à peu près à égalité avec des enseignes prestigieuses comme Jaguar et Ritz-Carlton [1]. Ce n'est pas si mal, pour une société qui vend des chaussures et dont le siège se trouve dans le désert du Nevada.

Ce que fait Zappos s'inscrit dans un mouvement encore modeste mais en pleine croissance pour restaurer

---

1. Diane Brady, Jena McGregor, « Customer Service Champs », *Business Week*, 2 mars 2009.

une certaine liberté individuelle dans des métiers généralement connus pour en manquer. Ainsi, par exemple, alors qu'un grand nombre d'entreprises délocalisent leurs activités outre-mer vers des producteurs à bas coût, d'autres inversent la tendance en se lançant dans ce que l'on appelle le *homeshoring* (centrale d'appel à domicile). Plutôt que de réunir les télé-agents sur un même plateau, on répartit les appels vers leurs domiciles respectifs. Ainsi, les télé-agents économisent du temps de transport, ils ne sont plus contrôlés directement et ils bénéficient d'une plus grande autonomie dans leur travail.

La compagnie aérienne américaine Jetblue a été une des premières à essayer cette méthode. Depuis son lancement en 2000, Jetblue emploie des salariés qui travaillent à domicile pour le service clientèle et elle arrive largement en tête dans les classements en termes de qualité de service. La productivité et la satisfaction des salariés sont généralement meilleures avec le *homeshoring*, en partie parce que les salariés sont plus à l'aise et se sentent moins surveillés et moins contraints quand ils travaillent chez eux mais aussi parce que cette façon de privilégier l'autonomie permet de trouver des travailleurs plus talentueux ou plus compétents. Il s'agit souvent de parents, d'étudiants, de retraités ou de handicapés qui ont une véritable volonté de travailler mais qui ont besoin de pouvoir le faire selon leur propre rythme. Selon une étude, entre 70 et 80 % des télé-agents assurant un service client depuis leur domicile ont un diplôme d'études supérieures de premier cycle, c'est-à-dire deux fois plus souvent que les personnes qui travaillent dans les centres d'appels. Alpine Access, PHH Arval et LiveOps, qui gèrent des départements de service clientèle pour le compte d'un certain nombre de grandes sociétés, ont vu leurs coûts de recrutement se réduire à presque rien après avoir adopté cette méthode. Ce sont les candidats qui viennent les voir. Aujourd'hui, un certain nombre de compagnies américaines comme 1-800-Flowers, J. Crew, Office Depot et même l'Internal Revenue Service ont suivi le même chemin [1]. Les télé-agents se sentent libres de leurs choix et s'approprient les appels qu'ils traitent, comme cela se passe partout où l'on utilise à bon escient Motivation 3.0.

Choisir ses coéquipiers

Quelle que soit votre situation, songez un instant à ce que cela peut représenter d'être le troisième enfant dans une famille. Vous n'avez pas eu votre mot à dire sur le choix des personnes qui vous entourent. Quand vous êtes arrivé, ils étaient tous là. Pire, un ou deux d'entre eux n'ont peut-être pas été ravis de vous voir arriver. Or, il est généralement impossible de se débarrasser d'une seule de ces personnes.

Il y a peu de différence entre commencer une nouvelle tâche et assumer ses tâches quotidiennes. Celui qui a l'âme d'un entrepreneur doit être capable de trouver son autonomie en matière de tâche, de temps et de technique, mais l'autonomie par rapport à l'équipe avec laquelle on travaille est une autre paire de manches. C'est une des raisons pour lesquelles beaucoup de gens sont tentés de lancer leur propre entreprise et de se donner la possibilité de former eux-mêmes leur équipe. Or, même dans un contexte plus traditionnel, même si c'est encore loin d'être la norme, certaines organisations découvrent les vertus d'une approche consistant à laisser aux salariés une certaine liberté par rapport au choix de leurs coéquipiers.

---

1. Martha Frase-Blunt, « Call Centers Come Home », *HR Magazine*, 52, janvier 2007, p. 84 ; Ann Bednarz, « Call Centers Are Heading for Home », *Network World*, 30 janvier 2006.

Ainsi, par exemple, dans la chaîne de magasins d'alimentation biologique Whole Foods, ce ne sont pas les responsables des départements qui recrutent mais leurs subordonnés. Le candidat effectue d'abord une période d'essai d'un mois au sein d'une équipe, après quoi ses éventuels coéquipiers décident par un vote de le garder ou non. Chez W. L. Gore & Associates, qui fabrique le tissu Gore-Tex et qui est un autre exemple de mise en pratique de Motivation 3.0, quiconque veut sortir du rang et diriger une équipe doit rassembler les personnes qui auront envie de travailler avec lui [1].

Former une équipe de football au sein du personnel de l'entreprise fait aussi partie des activités pratiquées durant les 20 % de temps non dirigés. De telles initiatives réunissent généralement des personnes provenant de divers points de l'organigramme (mais pas nécessairement du même département) et qui partagent un intérêt commun. Comme l'a déclaré au *New York Times* Bharat Mediratta, ingénieur chez Google : « Si votre idée à développer dans le cadre des 20 % est un nouveau produit, il est généralement facile de trouver des personnes qui partagent le même état d'esprit et de commencer à programmer. » Lorsqu'il plaide pour un changement plus systémique dans l'organisation, Mediratta affirme que l'autonomie par rapport au choix des coéquipiers est une chose plus importante encore. Il faut pour cela ce qu'il appelle un « groupuscule » : une petite équipe auto-constituée, pratiquement sans budget et surtout sans autorité mais qui s'efforce de réaliser des changements dans la compagnie. Ainsi, Mediratta a participé à la

---

1. Paul Restuccia, « What Will Jobs of the Future Be ? Creativity, Self-Direction Valued », *Boston Herald*, 12 février 2007 ; Gary Hamel, *The Future of Management*, Boston, Massachusetts, Harvard Business School Press, 2007.

formation d'un groupe de testeurs pour inciter les ingénieurs à adopter une meilleure méthode pour tester les
programmes. Il s'agit d'un groupe informel de programmeurs, d'une équipe qui s'est constituée de façon autonome sans aucune instruction venue de la hiérarchie et
qui a « fait tourner lentement l'entreprise sur son axe [1] ».

Il reste que le désir d'autonomie peut souvent être
contrarié par d'autres obligations. Chez Atlassian, les
dirigeants ont eu la surprise de constater que la plupart
des salariés étaient loin d'utiliser complètement leurs
20 %. La principale raison à cela est qu'ils ne voulaient
pas abandonner leurs collègues en laissant de côté les
projets en cours.

Bien que l'autonomie par rapport aux coéquipiers soit
moins développée que l'autonomie par rapport aux
tâches, au temps ou à la technique, l'influence toujours
accrue des réseaux sociaux et l'essor des applications
mobiles la rendent aujourd'hui plus facile. Ce phénomène dépasse d'ailleurs l'échelle d'une unique organisation. Les projets d'*open source* que j'ai mentionnés au
chapitre 1, dans lesquels des équipes ad hoc se forment
pour créer un nouveau logiciel de navigation ou de
meilleurs systèmes de serveur en sont un exemple éloquent. Là encore, la science affirme la valeur d'une chose
que l'entreprise traditionnelle a été longue à admettre.
D'abondantes recherches montrent que les gens qui ont
participé à la formation des équipes dans lesquelles ils
travaillent ont plus de satisfaction que les autres [2]. De
même, des études réalisées par Deci et d'autres montrent

1. Bharat Mediratta, propos recueillis par Julie Bick, « The Google
Way : Give Engineers Room », *New York Times*, 21 octobre 2007.
2. Voir par exemple S. Parker, T. Wall, P. Hackson, « That's Not
My Job : Developing Flexible Employee Work Orientations », *Academy of Management Journal*, 40, 1997, p. 899-929.

que les personnes dont les motivations sont surtout intrinsèques sont les meilleurs collaborateurs[1], et cela ouvre des possibilités considérables. Si vous voulez travailler avec des collaborateurs de type I, le mieux est d'en devenir un vous-même. Il s'avère que l'autonomie est parfois contagieuse.

L'ART D'ÊTRE AUTONOME

Songez un instant aux grands artistes du siècle dernier et à la façon dont ils travaillaient : à Pablo Picasso, par exemple, à Georgia O'Keeffe ou à Jackson Pollock. Motivation 2.0 n'a jamais été leur système d'exploitation. Personne ne leur a jamais dit : « Vous allez peindre tel tableau. Vous vous y mettrez chaque matin à 8 h 30 précises. Vous devrez peindre avec les collaborateurs que nous avons choisis pour travailler avec vous. Et vous devrez peindre selon la technique suivante… » Cette idée même est grotesque.

Et pourtant, vous savez quoi ? Cette idée est tout aussi grotesque dans votre cas. Que vous soyez plombier, commerçant, représentant ou professeur, vous avez autant besoin d'autonomie qu'un grand peintre.

Cela dit, l'autonomie ne signifie pas l'absence de comptes à rendre. Quel que soit le système d'exploitation, il faut que les gens soient responsables de ce qu'ils font et qu'ils rendent compte de leur travail. Il existe cependant différents moyens d'atteindre cet objectif, en fonction de différentes hypothèses concernant notre nature profonde. Avec Motivation 2.0, on supposait

---

qu'en laissant trop de liberté aux salariés, on les inciterait à ne rien faire, et que l'autonomie leur éviterait de devoir rendre des comptes. Motivation 3.0 part d'une hypothèse différente, à savoir que les gens *veulent* avoir des comptes à rendre et que pour cela, il est préférable qu'ils aient le contrôle de leurs tâches, de leur temps, de leur technique et du choix de leurs coéquipiers.

Naturellement, sachant que les présupposés de l'ancien système d'exploitation prédominent dans le monde du travail, la transition vers l'autonomie ne pourra pas se faire du jour au lendemain. Si nous isolons des salariés de l'environnement contrôlé dans lequel ils travaillaient jusqu'à présent, alors qu'ils n'ont jamais rien connu d'autre, et si nous les plaçons tout d'un coup dans un environnement de type ROWE dans lequel l'autonomie est totale, ils connaîtront de grosses difficultés. Il importe que les organisations mettent en place des « passerelles », comme le dit Richard Ryan, pour permettre à tous les salariés de réussir cette transition sans perdre pied.

En outre, tout le monde n'accordera pas la même importance aux différents aspects de l'autonomie. Certains auront surtout besoin d'être autonomes par rapport à leur travail, tandis que d'autres tiendront plutôt à maîtriser leur environnement humain. Comme me le disait Hsieh, le P-DG de Zappos, dans un courriel : « Des études montrent que le sentiment de contrôle est une composante importante du bonheur de l'individu. Cependant, ce que les gens ont l'impression de pouvoir contrôler est en réalité variable, aussi je ne pense pas qu'il y ait un aspect de l'autonomie qui soit le plus important de façon universelle. Des individus différents ont des désirs différents, aussi la meilleure méthode pour un employeur serait de chercher à savoir ce qui est important aux yeux de chacun de ses salariés. »

Toutefois, quelle que soit la manière dont ces désirs individuels s'expriment à la surface, ils naissent des mêmes racines. Par nature, nous sommes des joueurs et non pas des pions. Nous sommes censés être des individus autonomes, pas des automates. Nous sommes faits pour être de type I. Cependant, des forces extérieures et l'idée même que nous aurions besoin d'être « dirigés » ont abouti à changer notre réglage par défaut et à faire de nous des individus de type X. Si nous mettons à jour notre environnement, non seulement au travail mais aussi à l'école et à la maison, et si les dirigeants prennent acte à la fois de ce qu'est véritablement la condition humaine et de la science qui l'étudie, nous pourrons, nous et nos collègues, retrouver notre état naturel.

« Le cours de l'histoire humaine a toujours évolué vers davantage de liberté, et il y a à cela une raison : c'est notre nature de tendre vers cette direction, me dit Ryan. Si nous n'étions que des pantins comme certains le pensent, cela n'arriverait pas. Mais en Chine, quelqu'un se dresse devant un tank. Les femmes, à qui l'autonomie a été refusée, se battent pour leurs droits. Tel est le cours de l'histoire. C'est pourquoi en fin de compte, la nature humaine, si jamais elle se réalise, le fera en devenant plus autonome. »

6

La maîtrise

Vous n'avez pas besoin de voir ce que quelqu'un fait
pour savoir si c'est sa vocation,
il vous suffit d'observer ses yeux :
un cuisinier mélangeant une sauce,
un chirurgien pratiquant une première incision,
[...] arborent le même air absorbé,
s'oubliant eux-mêmes dans une fonction.
Quelle beauté,
dans ce regard tourné sur un objet.

W. H. Auden

Un matin de l'été 1944, Mihaly Csikszentmihalyi, âgé de 10 ans, se tenait sur un quai de gare à Budapest avec sa mère, ses deux frères et près de soixante-dix membres de sa famille venus leur dire au revoir. La Seconde Guerre mondiale faisait rage, et la Hongrie, membre ambivalent de l'Axe, se retrouvait politiquement et géographiquement cernée de tous les côtés. Des soldats nazis occupaient le pays en réponse aux négociations de paix secrètes que la Hongrie avait menées avec les États-Unis et la Grande-Bretagne. Au même moment, les troupes soviétiques marchaient sur la capitale.

Il était temps de partir. Ils montèrent donc tous les quatre dans un train pour Venise, où le père de Mihaly Csikszentmihalyi travaillait comme diplomate. Alors que

le train faisait route vers le sud-ouest, des bombes explo-
sèrent à quelque distance. Des balles traversèrent les
fenêtres du train et un soldat qui était dans le train
riposta. Le jeune garçon se recroquevilla sous son siège,
terrifié mais aussi un peu en colère.

« À ce moment-là, je me suis dit que les grandes personnes ne savaient vraiment pas vivre », m'a dit Mihaly
Csikszentmihalyi soixante-cinq ans plus tard.

Aucun train ne traverserait plus le Danube avant des
années. En effet, peu de temps après son départ, des
frappes aériennes détruisirent les principaux ponts de
Hongrie. Les Csikszentmihalyi avaient de l'éducation et
des relations, mais la guerre les a tout de même fauchés.
Parmi les proches qui étaient sur le quai ce matin-là, plus
de la moitié étaient morts cinq mois plus tard. Un des
frères de Mihaly Csikszentmihalyi a fait six ans de travaux forcés dans les montagnes de l'Oural, et un autre a
été tué en combattant les Soviétiques.

« Toute cette expérience m'a fait réfléchir, m'a dit
Mihaly Csikszentmihalyi. Il fallait qu'existe une
meilleure façon de vivre que celle-là. »

COMMENT PASSER DE LA SOUMISSION
À L'IMPLICATION ?

Le contraire de l'autonomie est le contrôle, et comme
ces deux notions représentent deux situations très différentes en termes de comportement, elles nous orientent
dans deux directions différentes. Le contrôle implique la
soumission, tandis que l'autonomie implique l'implication. Cette distinction nous amène au second élément
du comportement de type I : la maîtrise, c'est-à-dire le
désir d'être toujours meilleur dans une activité donnée.

Comme je l'ai expliqué dans la partie 1, l'objectif de Motivation 2.0 était d'inciter les gens à faire certaines choses d'une certaine façon : ils devaient se soumettre, obéir. Pour que cet objectif soit atteint, peu de motivateurs sont aussi efficaces qu'une belle carotte et la menace d'un coup de bâton occasionnel. Bien sûr, ce système ne favorisait pas la réalisation personnelle, mais du point de vue économique et stratégique, il correspondait bien à une certaine logique. Pour les tâches mécaniques, c'est-à-dire les types de travaux les plus courants au XXe siècle, soumettre les gens à des instructions et à des règles fonctionnait généralement bien.

Ce n'est cependant plus d'actualité. Au XXIe siècle, une telle stratégie n'est plus adaptée. Nous avons souvent des problèmes complexes à résoudre, et il faut pour cela un esprit curieux et la volonté d'expérimenter pour tenter de trouver une solution inédite. Motivation 2.0 supposait la soumission, tandis que Motivation 3.0 fait appel à l'implication. Seule l'implication peut produire la maîtrise, et la recherche de la maîtrise – un élément important mais souvent négligé de notre troisième type de motivation – est devenue essentielle pour pouvoir aboutir à quelque chose dans l'économie actuelle.

Malheureusement, même si les couloirs de la direction des grandes entreprises résonnent de termes pompeux comme « autonomisation », la caractéristique la plus notable du monde de l'entreprise d'aujourd'hui est peut-être le manque d'implication et la façon dont la maîtrise est ignorée. Une étude approfondie de l'institut Gallup dans ce domaine montre qu'aux États-Unis, plus de 50 % des salariés ne s'impliquent pas dans leur travail et que près de 20 % d'entre eux ne cherchent pas du tout à s'y impliquer. Le coût de tout ce manque d'implication est une perte de productivité d'environ 220 milliards d'euros par an, ce qui représente plus que le PIB du

Portugal, de Singapour ou d'Israël [1]. Pourtant, en termes comparables, les États-Unis sont par excellence le lieu où le type I est favorisé au travail. Selon le cabinet de consultants McKinsey & Co., la proportion de la population active qui est très impliquée dans son travail ne dépasserait pas 2 ou 3 % dans certains pays [2].

De même, l'implication, comme moyen de parvenir à la maîtrise, est une force importante dans notre vie privée. Si la soumission à des ordres ou à des règles peut être une stratégie efficace lorsqu'il s'agit de survivre physiquement, cela ne fonctionne pas en matière de développement personnel. Vivre une vie digne de ce nom implique davantage que satisfaire simplement ceux qui exercent un contrôle sur vous. Et pourtant, dans nos bureaux comme dans nos salles de classe, il y a bien trop de soumission et trop peu d'implication. La soumission peut vous permettre de passer la journée sans encombre mais, une fois rentré chez vous, c'est l'implication qui importe. Ce qui nous ramène à l'histoire de Csikszentmihalyi.

Dans sa préadolescence, alors qu'il venait d'être le témoin des atrocités de l'Allemagne nazie et de la mainmise des Soviétiques sur son pays, Csikszentmihalyi a naturellement remis en cause la soumission et s'est intéressé à l'implication. Or, ce n'est pas à l'école qu'il pouvait trouver ce qu'il cherchait. Il a donc quitté le collège à 13 ans. Durant près d'une dizaine d'années, il a travaillé successivement dans plusieurs pays occidentaux, exerçant des emplois variés pour pouvoir subsister. Dans l'espoir de trouver la réponse à sa question naïve concernant une

---

1. Jack Zenger, Joe Folkman, Scott Edinger, « How Extraordinary Leaders Double Profits », *Chief Learning Officer*, juillet 2009.
2. Rik Kirkland (dir.), *What Matters ? Ten Questions That Will Shape Our Future*, McKinsey Management Institute, 2009, p. 80.

meilleure façon de vivre, il a lu tous les ouvrages de religion et de philosophie sur lesquels il a pu mettre la main, mais il n'y a pas trouvé son bonheur. Ce n'est qu'en ayant par inadvertance l'occasion d'assister à un cours de Carl Jung en personne qu'il a découvert la psychologie. Il s'est dit ce jour-là que ce domaine d'étude pourrait bien receler les secrets qu'il cherchait à percer.

C'est ainsi qu'en 1956, à l'âge de 22 ans, Csikszentmihalyi s'est rendu aux États-Unis pour y étudier la psychologie. Quand il est arrivé à Chicago avec son cursus scolaire inachevé et 1,25 dollar en poche, il ne connaissait de l'anglais que ce que lui avait apporté la lecture des bandes dessinées *Pogo*. Des contacts hongrois à Chicago l'ont aidé à trouver un travail et un logis. Sa connaissance du latin, de l'allemand et de *Pogo* lui a permis de réussir l'épreuve d'admission par équivalence au lycée dans une langue qu'il n'avait encore jamais parlée ni lue. Il est entré ensuite à l'université de l'Illinois. Il suivait les cours pendant la journée et travaillait la nuit comme réceptionniste dans un hôtel. Il a finalement obtenu un doctorat au département de psychologie de l'université de Chicago, neuf ans après avoir débarqué en Amérique.

Malgré tout, Csikszentmihalyi ne s'est pas laissé détourner de son but. Comme il me l'a expliqué il y a peu de temps, par un matin de printemps, il voulait étudier « l'approche positive, novatrice et créative de la vie plutôt que la vision médicale et pathologique de Sigmund Freud ou la conception mécaniste » de B. F. Skinner et d'autres pour qui notre comportement ne serait qu'une simple réponse à des stimuli. En écrivant sur la créativité, Csikszentmihalyi a été amené à étudier le jeu, et c'est ainsi qu'il a développé une vision de l'expérience humaine qui devait le rendre célèbre.

En jouant, les gens éprouvent souvent ce que Csikszentmihalyi appelle des « expériences autotéliques » : du grec *auto* (soi) et *telos* (but ou objet). Dans une expérience autotélique, le moyen est la fin : l'activité est sa propre récompense. Csikszentmihalyi a expliqué que les artistes qu'il avait observés dans le cadre de sa thèse de doctorat étaient tellement pris par ce qu'ils faisaient qu'ils semblaient être en transe. Ils ne voyaient plus le temps passer et leur conscience d'eux-mêmes s'estompait. Il s'était intéressé à des personnes pratiquant d'autres activités comme l'escalade, le football, la natation ou la spéléologie pour tenter de découvrir ce qui rendait une activité autotélique, mais les résultats étaient frustrants : « Quand les gens s'efforcent de se rappeler ce qu'ils ont ressenti en grimpant sur une montagne ou en jouant un beau morceau de musique, leur récit est en général complètement stéréotypé et insipide[1]. » Il lui fallait donc trouver un moyen de sonder le sujet en temps réel. Au milieu des années 1970, une nouvelle technologie – que tout gamin d'aujourd'hui trouverait ridiculement ringarde – est venue à son secours : le téléavertisseur électronique (plus communément appelé bipeur).

Csikszentmihalyi, qui enseignait alors à l'université de Chicago et dirigeait son propre laboratoire de psychologie, s'est donc procuré un bipeur et a demandé à ses étudiants de troisième cycle de le biper tous les jours de façon aléatoire. À chaque fois que son appareil émettait un son, il notait ce qu'il était en train de faire et ce qu'il éprouvait sur le moment. « C'était follement amusant, se rappelle-t-il, assis dans son bureau de l'université de Claremont, dans le sud de la Californie où il enseigne

---

1. Mihalyi Csikszentmihalyi, *Beyond Boredom and Anxiety : Experiencing Flow in Work and Play*, San Francisco, Jossey-Bass, 2000, xix.

maintenant. On obtient une vision si détaillée de la façon dont les gens vivent. » À partir de cette expérience, il a mis au point la méthode dite de l'échantillonnage de l'expérience vécue. À son tour, Csikszentmihalyi a envoyé des signaux à ses sujets huit fois par jour, à des intervalles de temps aléatoires, et ces derniers devaient alors inscrire sur un carnet leurs réponses à plusieurs questions brèves : ce qu'ils étaient en train de faire, avec qui, et comment ils pourraient décrire leur état d'esprit. Les résultats permettaient de disposer d'une sorte de journal de la semaine du sujet. En rassemblant les résultats de tous les sujets de l'expérience, on obtenait toute une bibliothèque d'expériences humaines.

À partir de ces résultats, Csikszentmihalyi a commencé à étudier ces expériences autotéliques et n'a pas mis longtemps à remplacer ce terme d'origine grecque par le mot *flow* que les sujets utilisaient pour décrire ces moments. Les expériences les plus satisfaisantes que vivaient ces personnes étaient les moments de *flow*. Cet état mental, jusqu'alors ignoré parce qu'il semblait transcendant et impossible à observer, était en réalité facile à découvrir. Dans le *flow*, les objectifs sont clairs. Il s'agit d'atteindre le sommet de la montagne, de renvoyer la balle par-dessus le filet ou de façonner l'argile de la bonne manière. La récompense est immédiate.

Plus important, dans le *flow*, le rapport entre ce qu'une personne devait faire et ce qu'elle pouvait faire était parfait. Le défi n'était pas vraiment facile, mais il n'était pas non plus trop difficile. Par rapport à ses capacités habituelles, il s'agissait de franchir encore un ou deux degrés, de telle sorte que l'effort soit lui-même la récompense la plus agréable. En raison de cet équilibre, ces personnes éprouvaient davantage de satisfaction que dans leurs activités quotidiennes. Elles vivaient si intensément le moment présent, éprouvaient un tel sentiment de contrôle de soi qu'elles ne faisaient pratiquement plus qu'un avec le temps et avec le lieu. Bien évidemment, elles étaient autonomes, mais elles étaient surtout impliquées dans ce qu'elles faisaient. Comme l'a écrit le poète W. H. Auden, elles « s'oubliaient dans une fonction ».

Cet état d'esprit était peut-être ce que cherchait le garçon hongrois de 10 ans dans son train qui traversait l'Europe. La réponse, c'était peut-être la recherche de l'état de *flow*, non pas de façon ponctuelle mais comme un art de vivre : maintenir ce regard sur son objet, afin d'atteindre la maîtrise de son activité de cuisinier ou de chirurgien.

LES TÂCHES DOIVENT ÊTRE IDÉALEMENT ÉQUILIBRÉES

Il y a quelques années, il ne se rappelle pas quand exactement, Csikszentmihalyi avait été invité à Davos, en Suisse, par Klaus Schwab qui y organise tous les ans une table ronde avec les élites dirigeantes du monde entier. Il avait fait le voyage avec trois autres membres de l'université de Chicago : Gary Becker, George Stigler et Milton Friedman, tous trois économistes et lauréats du prix Nobel. Les cinq hommes s'étaient retrouvés un soir réunis à la même table, et à la fin du repas, Schwab avait demandé à ses convives ce qu'ils considéraient comme le plus important problème dans la science économique moderne.

« À ma grande surprise, raconte Csikszentmihalyi, Becker, Stigler et Friedman ont chacun fini par dire, à quelque chose près, qu'il y avait "quelque chose qui manque". » Pour eux, malgré tout son pouvoir explicatif, la science économique restait incapable de proposer une théorie satisfaisante du comportement, même dans un contexte professionnel.

Csikszentmihalyi avait souri et félicité ses collègues pour leur perspicacité. Le concept de *flow*, qu'il avait proposé au milieu des années 1970, n'était pas de nature à changer la donne du jour au lendemain. Il a gagné en impact en 1990, quand Csikszentmihalyi a publié son premier ouvrage grand public sur ce sujet, ce qui lui a valu les faveurs d'un petit groupe d'adeptes dans le monde de l'entreprise. Cependant, la mise en application de ce concept dans le contexte réel de l'activité des organisations aura été plus lente. Il est vrai que Motivation 2.0 était difficilement compatible avec un concept comme le *flow*. Un système d'exploitation de type X n'interdit pas une expérience optimale au travail, mais il en fait une exception plutôt qu'une condition nécessaire pour obtenir du bon travail.

Cependant, comme le révèlent les statistiques sur le manque d'implication des travailleurs dont il a été question précédemment dans ce chapitre, les coûts – en termes de satisfaction humaine comme en termes de santé de l'entreprise – sont élevés en l'absence de cet état de *flow*. C'est la raison pour laquelle une petite poignée d'entreprises tentent aujourd'hui de fonctionner différemment. Comme le fait remarquer le magazine *Fast Company*, un certain nombre d'entreprises parmi lesquelles Microsoft, Patagonia et Toyota se sont rendu compte que la création d'un environnement de travail favorable au *flow* et offrant aux salariés la possibilité d'accéder à la maîtrise de leur activité pouvait permettre de gagner en productivité tout en rendant le personnel plus satisfait de ses conditions de travail [1].

---

1. Ann March, « The Art of Work », *Fast Company*, août 2005.

Ainsi, par exemple, Stefan Falk, vice-président d'Ericsson, la compagnie suédoise de télécommunications, a appliqué les principes du *flow* pour faciliter une fusion entre des filiales. Sur ses recommandations, le travail a été réorganisé de telle sorte que les salariés aient des objectifs clairs et qu'ils aient un moyen d'obtenir un *feedback* rapide. Plutôt que de procéder à un entretien annuel d'évaluation, des entretiens entre les salariés et leurs supérieurs hiérarchiques ont lieu six fois par an et durent souvent jusqu'à une heure et demie. Ces entretiens portent sur l'implication et sur la recherche de la maîtrise. Cette méthode s'est révélée efficace, si bien qu'Ericsson a commencé à l'étendre à ses bureaux dans le monde entier. Falk a ensuite quitté Ericsson pour Green Cargo, une grande compagnie suédoise de logistique et de transport maritime. Il y a mis au point une méthode de formation des dirigeants et il a demandé à ces derniers de se réunir une fois par mois avec leurs subordonnés afin d'évaluer leur charge de travail et de procéder aux ajustements nécessaires pour leur permettre d'atteindre l'état de *flow*. Au bout de deux ans de réorganisation managériale, Green Cargo, une entreprise d'État, est redevenue rentable pour la première fois depuis cent vingt-cinq ans. Pour ses dirigeants, la raison essentielle de ce progrès est ce nouveau recentrage sur le principe du *flow* [1].

Par ailleurs, une étude portant sur onze mille scientifiques et ingénieurs travaillant dans des entreprises américaines a montré que la recherche d'un défi intellectuel, c'est-à-dire le besoin de s'impliquer dans la maîtrise de quelque chose de nouveau, était le meilleur indicateur

---

1. Cette observation est le résultat d'un entretien avec Csikszent-mihalyi le 3 mars 2009 et de l'étude de l'article d'Anne March, « The Art of Work ».

de productivité. Les scientifiques et les ingénieurs qui sont animés par cette motivation intrinsèque déposent significativement plus de brevets que ceux dont la principale motivation est l'argent, même en tenant compte de la quantité d'efforts dans chacun de ces deux groupes [1] (les sujets motivés de façon extrinsèque travaillent aussi longtemps et aussi dur que ceux qui correspondent davantage au type I, mais ils sont moins performants : peut-être parce qu'au cours de leur temps de travail, ils sont moins souvent dans l'état de *flow*).

Il y a aussi Jenova Chen, un jeune concepteur de jeux qui a rédigé en 2006 un mémoire de MFA (Master of fine art) sur la théorie de Csikszentmihalyi. Pour Chen, les jeux vidéo devaient permettre des expériences fondamentales de *flow* mais trop de jeux exigeaient un niveau d'implication proche de l'obsession. Il a donc eu l'idée d'inventer un jeu permettant de faire éprouver la sensation de *flow* à des joueurs plus occasionnels. Approfondissant son projet de thèse, Chen a créé un jeu dans lequel les joueurs se servent d'une souris d'ordinateur pour guider à l'écran une sorte d'amibe à travers un environnement aquatique imaginaire dans lequel cet organisme gobe d'autres créatures et évolue lentement vers une forme plus développée. Alors que dans la plupart des jeux le joueur doit parcourir une série immuable de niveaux de difficulté prédéterminés, le jeu de Chen lui permet d'explorer et de progresser selon son désir. Contrairement aux jeux dans lesquels un ratage met fin à la partie, le ratage mène ici le joueur à un niveau de difficulté plus adapté. Chen a appelé son jeu flOw et il a obtenu un grand succès. La version gratuite en ligne a

1. Henry Sauerman, Wesley Cohen, « What Makes Them Tick ? Employee Motives and Firm Innovation », *NBER Working Paper N° 14443*, octobre 2008.

été utilisée plus de trois millions de fois [1]. La version payante, conçue pour la PlayStation, a donné lieu à plus de 350 000 téléchargements et a valu à Chen de nombreuses récompenses. Chen s'est servi de son jeu pour lancer sa propre entreprise, Thatgamecompany, qui exploite à la fois le *flow* et le jeu flOw et qui n'a pas tardé à obtenir un contrat avec Sony pour développer trois jeux. Pour une nouvelle entreprise inconnue et dirigée par deux concepteurs de jeux californiens âgés de 26 ans, c'est une performance pratiquement inédite.

Green Cargo, Thatgamecompany et les entreprises dont les ingénieurs et scientifiques innovent beaucoup se distinguent généralement par l'utilisation de deux méthodes. Tout d'abord, elles offrent à leur personnel ce que j'appelle des « tâches idéalement équilibrées » : des problèmes à résoudre qui ne sont ni trop faciles ni trop difficiles. Au travail, une source de frustration courante provient du décalage fréquent entre ce que l'on *doit* faire et ce que l'on *peut* faire. Quand ce que les gens doivent faire dépasse leurs capacités, cela engendre de l'anxiété. Quand ce qu'ils doivent faire est bien en deçà de ce qu'ils peuvent faire, les gens s'ennuient (ce n'est pas pour rien que Csikszentmihalyi avait intitulé son premier ouvrage sur les expériences autotéliques *Beyond Boredom and Anxiety* – Au-delà de l'ennui et de l'anxiété). Quand le bon équilibre est trouvé, les résultats peuvent être enthousiasmants. C'est bien le sens du *flow*. Les « tâches idéalement équilibrées » nous permettent de vivre l'expérience enrichissante de la limite entre l'ordre et le désordre, ou selon les mots du peintre Fritz Scholder, de « marcher sur la corde raide entre l'accident et la discipline ».

---

1. http://intihuatani.usc.edu/cloud/flowing

La seconde méthode utilisée par les entreprises intelligentes pour favoriser l'état de *flow* et permettre à leur personnel de maîtriser leur travail consiste à exploiter les aspects positifs de l'effet Sawyer. Au chapitre 2, nous avons vu qu'une récompense extrinsèque pouvait transformer un jeu en travail, mais qu'il était également possible d'agir en sens inverse et de transformer un travail en jeu. Certaines tâches n'engendrent pas automatiquement un état de *flow* et n'en sont pas moins nécessaires. Aussi les entreprises les plus astucieuses laissent-elles à leurs employés la liberté d'organiser leur travail de manière à pouvoir introduire un peu de *flow* dans des tâches qui, autrement, seraient très rébarbatives. Amy Wrzesniewski et Jane Dutton, deux professeurs de faculté de gestion, ont étudié ce phénomène chez des employés chargés du nettoyage dans les hôpitaux, chez des infirmières et chez des coiffeurs. Elles ont constaté, par exemple, que certains employés chargés du nettoyage dans les hôpitaux, au lieu de se contenter de faire le minimum exigé, prenaient l'initiative de se consacrer à de nouvelles tâches, notamment de faire la conversation aux patients ou de faciliter le travail des infirmières. Cela leur apportait une plus grande satisfaction et une meilleure image de leur propre fonction. En redéfinissant leurs propres obligations, ces employés s'appropriaient davantage le travail et le rendaient plus ludique. « Même dans des emplois à faible autonomie, les employés peuvent créer de nouveaux domaines dans lesquels ils auront la maîtrise », expliquent Amy Wrzesniewski et Jane Dutton[1].

1. Amy Wrzesniewski et Jane E. Dutton, « Crafting a Job : Revisioning Employees as Active Crafters of Their Work », *Academy of Management Review*, 26, 2001, p. 181.

LES TROIS LOIS DE LA MAÎTRISE

Le *flow* est essentiel pour la maîtrise, mais il n'en est pas la garantie car l'horizon temporel n'est pas le même pour ces deux notions. Le *flow* est un phénomène qui se produit sur le moment, tandis que la maîtrise s'acquiert progressivement sur des mois, des années ou même des décennies. Nous pouvons, vous comme moi, atteindre l'état de *flow* demain matin, mais la maîtrise est une chose que personne ne peut atteindre du jour au lendemain.

Par conséquent, comment inscrire la notion de *flow* dans la recherche d'un résultat plus déterminant et plus durable ? Que pouvons-nous faire pour progresser vers la maîtrise, un des éléments clés du comportement de type I, dans notre environnement professionnel et dans notre vie privée ? Certains spécialistes du comportement ont commencé à apporter des réponses : il semblerait que la maîtrise dépende de trois lois.

La maîtrise est un état d'esprit

Pour la recherche de la maîtrise comme pour tant d'autres choses de l'existence, tout est dans la tête. C'est du moins ce qui ressort des travaux de Carol Dweck.

Professeur de psychologie à l'université de Stanford, Carol Dweck étudie la motivation et la réussite chez les enfants, les adolescents et les jeunes adultes depuis près de quarante ans. Elle a réalisé une somme de travaux rigoureux qui ont fait sa renommée dans le domaine des sciences comportementales. Pour elle, ce que les gens croient conditionne ce qu'ils accomplissent. Nos croyances à propos de nous-même et de nos capacités déterminent notre manière d'interpréter nos expériences et peuvent nous imposer des limites dans ce que nous réalisons. Bien que ses travaux soient surtout centrés sur des notions d'intelligence, ses résultats sont tout aussi valables pour la plupart des capacités humaines et permettent de définir la première loi de la maîtrise : la maîtrise est un état d'esprit.

Selon Carol Dweck, on peut avoir deux visions différentes de sa propre intelligence. Pour ceux qui ont une « théorie de l'entité », l'intelligence n'est rien d'autre que cela : une entité. Elle existe en nous, sa quantité est définie et nous ne pouvons pas l'accroître. À l'inverse, les adeptes de la « théorie incrémentielle » considèrent que si l'intelligence peut varier légèrement d'un individu à un autre, il est surtout possible – non sans effort – de l'augmenter. Pour faire une comparaison avec le monde physique, la théorie incrémentielle considère l'intelligence comme une sorte de force que l'on peut développer, à l'instar d'une force physique augmentée par des exercices de musculation. Pour les partisans de la théorie de l'entité, l'intelligence est plutôt comme la taille une fois adulte : il n'est pas possible de grandir[1]. Si vous pensez que l'intelligence est une grandeur fixe, alors toute rencontre éducative ou professionnelle devient une mesure de votre propre capacité. En revanche, si vous pensez que l'intelligence est une chose que vous pouvez développer, alors ces mêmes rencontres deviennent des opportunités de progresser. Dans le premier cas, l'intelligence est une chose que l'on peut montrer ; dans le dernier cas, c'est une chose que l'on peut développer.

---

1. Dans un ouvrage paru en 2006 (et en français en 2010), *Changer d'état d'esprit : une nouvelle psychologie de la réussite*, que je recommande dans la boîte à outils du type I, Carol Dweck parle d'un « état d'esprit fixe » et d'un « état d'esprit de développement ».

Ces deux théories débouchent sur deux voies très différentes : l'une mène à la maîtrise, l'autre non. Raisonnons par exemple en termes d'objectifs. Toujours selon Carol Dweck, il en existe deux sortes : les objectifs en termes de performance et les objectifs en termes d'apprentissage. Obtenir la note A (ou 20/20) en anglais est un objectif de performance. Être capable de s'exprimer en anglais est un objectif d'apprentissage. « Les deux objectifs sont tout à fait normaux et sont universels, nous dit Carol Dweck, et l'un comme l'autre permettent de réussir [1]. » Cependant, un seul mène à la maîtrise. Dans plusieurs études, Carol Dweck a constaté que l'assignation d'un objectif de performance à un enfant (par exemple obtenir une bonne note à une interrogation écrite) était une méthode efficace dans le cas de problèmes relativement simples, mais que cette méthode inhibait souvent la capacité de l'enfant à appliquer des concepts à de nouvelles situations. Par exemple, dans une étude, Carol Dweck et une collègue ont demandé à des lycéens d'apprendre une série de lois scientifiques en assignant à la moitié d'entre eux un objectif de performance et à l'autre moitié un objectif d'apprentissage. Les deux groupes de lycéens ayant montré qu'ils avaient assimilé le contenu en question, on leur a demandé d'appliquer leur connaissance à une nouvelle série de problèmes qui présentaient à la fois un lien et une différence avec ce qu'ils venaient d'étudier. Les lycéens à qui l'on avait assigné un objectif d'apprentissage ont alors significativement mieux résolu ces nouveaux problèmes. Ils ont aussi cherché plus longtemps et essayé davantage de solutions. Comme le note Carol Dweck : « Avec un objectif d'apprentissage, les lycéens n'ont pas besoin de s'estimer

---

1. Carol S. Dweck, *Self-Theories : Their Role in Motivation, Personality, and Development*, Philadelphie, Psychology Press, 1999, p. 17.

déjà bons dans un domaine pour s'accrocher et persévérer. Leur objectif est justement d'apprendre, et non de prouver qu'ils sont intelligents [1]. »

Les deux théories impliquent vraiment deux conceptions très différentes de l'effort. Pour la théorie incrémentielle, l'effort est positif. La capacité étant malléable, travailler plus dur est considéré comme le moyen d'obtenir un meilleur résultat. Au contraire, « la théorie de l'entité [...] est un système qui implique une suite de succès faciles ». Selon cette conception, si vous êtes obligé de travailler dur, cela signifie que vous n'êtes pas très doué. Les gens choisiront donc des objectifs faciles à atteindre, ce qui leur permettra d'affirmer leurs capacités existantes mais difficilement de les accroître. D'une certaine façon, les adeptes de la théorie de l'entité veulent ressembler à des maîtres sans devoir faire l'effort d'atteindre la maîtrise.

Enfin, ces deux conceptions engendrent des réponses très différentes face à l'adversité : selon les mots de Carol Dweck, l'une est « désespérée » tandis que l'autre est « orientée vers la maîtrise ». Au cours d'une étude, Carol Dweck a donné à des élèves américains de CM2 et de sixième huit problèmes conceptuels qu'ils étaient capables de résoudre, puis quatre qu'ils ne pouvaient pas résoudre (car les questions étaient trop difficiles pour des enfants de cet âge). Ceux des élèves qui pensaient que les capacités intellectuelles sont fixes ont rapidement abandonné la résolution des problèmes difficiles et ont attribué les difficultés qu'ils rencontraient à leur manque d'intelligence. Ceux qui avaient un état d'esprit plus souple ont bravé la difficulté et ont déployé des stratégies bien plus inventives pour trouver une solution. À quoi ces derniers ont-ils attribué leur incapacité à venir à bout

---

1. *Ibid.*

des problèmes les plus difficiles ? « La réponse, qui nous a surprises, est qu'ils n'ont pas cherché de responsable », nous dit Carol Dweck. Ils ont considéré que, sur la voie de la maîtrise, les échecs étaient inévitables et qu'ils pouvaient alors baliser le chemin.

Les conclusions de Carol Dweck s'accordent très bien avec les distinctions comportementales faites entre Motivation 2.0 et Motivation 3.0. Concernant l'intelligence, le comportement de type X est souvent associé à la théorie de l'entité, il privilégie les objectifs de performance plutôt que les objectifs d'apprentissage et il incite à considérer l'effort comme un signe de faiblesse. Au contraire, le comportement de type I est associé à une théorie incrémentielle de l'intelligence, il privilégie les objectifs d'apprentissage par rapport aux objectifs de performance et il conduit à apprécier l'effort comme moyen de progresser utilement. Dans le premier état d'esprit, la maîtrise est impossible. Dans le second, elle peut être assurée.

La maîtrise est une souffrance

Chaque été, près de mille deux cents jeunes Américains se rendent à l'académie militaire de West Point pour y commencer un cycle d'études de quatre ans et trouver leur place dans la légendaire « longue ligne grise » des diplômés (en référence à la couleur de leur uniforme). Cependant, avant de pénétrer dans une salle de classe, ils suivent une formation de base de sept semaines. À la fin de l'été, parmi ces jeunes adultes talentueux et impliqués, un sur vingt aura abandonné. Deux chercheurs de West Point, un troisième de l'université de Pennsylvanie et un quatrième de l'université du Michigan ont voulu comprendre pourquoi certains étudiants poursuivaient leur chemin vers la maîtrise des activités militaires et pourquoi d'autres abandonnaient dès la première étape.

Quel pouvait être le facteur déterminant ? La force physique ? L'endurance ? L'intellect ? La capacité à diriger ? L'abnégation ?

En réalité, aucun de ces facteurs n'a vraiment d'importance. Les chercheurs ont constaté que le meilleur indice de réussite était un facteur qui n'avait rien à voir ni avec les capacités cognitives, ni avec le physique. Il s'agissait de ce qu'on appelle le « cran », c'est-à-dire « la persévérance et la passion pour les objectifs à long terme ». L'expérience de ces cadets en formation confirme la deuxième loi de la maîtrise : la maîtrise est une souffrance.

Même si l'état de *flow* est merveilleux, le chemin de la maîtrise n'est pas une sinécure. Si c'était le cas, nous serions plus nombreux à le suivre jusqu'au bout. La maîtrise est un chemin difficile. Parfois, et même souvent, ce n'est pas une partie de plaisir. C'est là une des leçons que le psychologue Anders Ericsson a tirées de ses travaux novateurs. Selon ses termes, « un certain nombre de caractéristiques dont on pensait qu'elles reflétaient un talent inné sont en réalité le résultat d'une pratique intensive d'au moins dix ans [1] ». La maîtrise – d'un sport, d'un instrument de musique ou d'une activité professionnelle – exige des efforts, de la difficulté, de la peine et de l'énergie sur une période prolongée (non pas sur une semaine ni sur un mois, mais sur des années) [2].

---

1. K. Anders Ericsson, Ralf T. Krampe, Clemens Tesch Romer, « The Role of Deliberate Practice in the Acquisition of Expert Performance », *Psychological Review*, 100, décembre 1992, p. 363.

2. Voir Geoff Colvin, *Talented Is Overrated : What Really Separated World-Class Performers from Everybody Else*, New York, Portfolio, 2008 ; Malcolm Gladwell, *Outliers : The Story of Success*, New York, Little, Brown, 2008. Tous ces livres sont recommandés dans la bibliographie du type I en fin d'ouvrage.

Le sociologue Daniel Chambliss appelle cela « la trivialité de l'excellence ». À l'instar d'Ericsson, Chambliss a constaté – grâce à une étude de trois ans portant sur des nageurs olympiques – que les athlètes qui obtenaient les meilleurs résultats étaient généralement ceux qui consacraient le plus de temps et d'efforts aux activités terre à terre entrant dans le cadre de leur préparation à la course [1]. C'est pour la même raison que dans une autre étude, les chercheurs de West Point ont constaté que la persévérance prédisait mieux la réussite que le QI ou les notes aux examens : « Si l'on comprend facilement l'importance qu'il y a à travailler plus dur, l'importance qu'il y a à travailler plus longtemps en conservant le même objectif est souvent moins perceptible [...] dans tous les domaines, le cran pourrait bien compter autant que le talent pour bien réussir [2]. »

Ici, la notion de *flow* apparaît de deux façons. Si les gens sont conscients de ce qui leur permet d'atteindre l'état de *flow*, ils auront une idée plus claire de ce qu'ils doivent consacrer leur temps et leur énergie à maîtriser. Les moments de *flow* au cours de cette quête d'excellence peuvent être une aide pour les aspects les plus rudes, mais en fin de compte, la maîtrise suppose souvent du travail, encore et encore, sans que les progrès soient toujours bien visibles. Il peut y avoir des moments où l'on est porté par le *flow*, suivis de moments de stagnation : une progression irrégulière et par paliers. C'est évidemment un processus difficile, mais ce n'est pas le problème : c'est plutôt la solution.

Selon Carol Dweck, « l'effort fait partie de ce qui donne un sens à la vie. L'effort signifie qu'on se soucie

1. Daniel F. Chambliss, « The Mundanity of Excellence : An Ethnographic Report on Stratification and Olympic Swimmers », *Sociological Theory*, 7, 1989.

2. Duckworth *et al.*, « Grit »

de quelque chose, que quelque chose compte et que l'on est prêt à travailler pour cela. La vie serait bien misérable si l'on n'était pas disposé à accorder de la valeur aux choses et à s'impliquer en conséquence dans le travail [1] ».

C'est aussi ce qu'explique un autre savant, qui n'a pas de doctorat mais qui a sa plaque au panthéon du basket (Basketball Hall of Fame) de Springfield, dans le Massachusetts. « Être un professionnel, a dit un jour Julius Erwing, c'est faire ce que l'on aime les jours où on n'a pas envie de le faire [2]. »

La maîtrise est une asymptote

Pour comprendre la troisième et dernière loi de la maîtrise, il faut quelques notions d'algèbre et d'histoire de l'art.

Concernant l'algèbre, vous vous rappelez peut-être qu'une asymptote est une ligne droite dont une courbe se rapproche toujours davantage mais sans jamais l'atteindre (sur la figure suivante, il s'agit d'une asymptote horizontale).

Concernant l'histoire de l'art, vous avez sans doute entendu parler de Paul Cézanne, un peintre français du XIXe siècle qui a produit ses toiles les plus remarquables vers la fin de son existence. Selon David Galenson, un économiste de l'université de Chicago qui a étudié la vie des artistes, la raison à cela est que Cézanne cherchait constamment à réaliser la meilleure œuvre possible. Un critique a écrit à son propos : « La synthèse ultime d'un dessin ne se révélait jamais d'un coup : il s'en approchait plutôt avec d'infinies précautions, il la traquait pour ainsi

1. Dweck, *Self-Theories*, *op. cit.*, 41.
2. Clyde Haberman, « David Halberstam, 73, Reporter and Author, Dies », *New York Times*, 24 avril 2007.

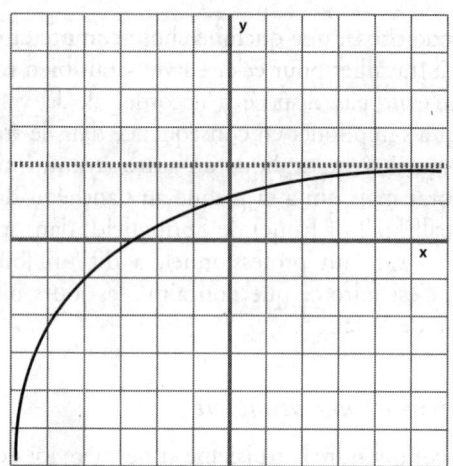

L'asymptote illustre la maîtrise.

dire, tantôt depuis un point de vue, tantôt depuis un autre. [...] *Pour* lui, la synthèse était une asymptote dont il *s'approchait toujours sans jamais l'atteindre tout à fait*[1]. »

Telle est la nature de la maîtrise : la maîtrise est une asymptote.

On peut s'en approcher. On peut se diriger vers elle. On peut s'en retrouver infiniment proche, mais comme Cézanne, on ne pourra jamais la toucher. La maîtrise est une chose impossible à posséder complètement. Tiger Woods, peut-être le plus grand golfeur de tous les temps, a bien déclaré qu'il devait – et qu'il pouvait – s'améliorer. Il l'a dit quand il était amateur, et il le redira après sa meilleure partie ou à la fin de sa saison la plus réussie. Son but, c'est la maîtrise. On le sait parfaitement. Ce que l'on sait moins, c'est qu'il est conscient du fait qu'il ne l'atteindra jamais. Elle lui échappera toujours.

---

1. *Ibid.*

L'asymptote de la maîtrise est une source de frustration. Pourquoi courir après ce que l'on ne pourra jamais atteindre tout à fait ? Mais c'est aussi une grande tentation. Pourquoi ne pas essayer ? Le plaisir est davantage dans la quête que dans la réalisation. En fin de compte, la maîtrise nous attire précisément parce qu'elle nous échappe.

L'OXYGÈNE DE L'ÂME

Immergeons-nous à présent au cœur d'une expérience passionnante.

Les sujets présentaient les signes avertisseurs d'un « trouble d'anxiété généralisée », une pathologie mentale dont souffrent environ 3 % de la population adulte. D'après le *Diagnostic and Statistical Manual of Mental Disorders (DSM-IV)*, la présence de trois des six symptômes suivants est le signe de ce qui pourrait être un grave problème :

– Agitation ou nervosité
– Fatigabilité
– Difficultés de concentration
– Irritabilité
– Tension musculaire
– Troubles du sommeil

Ces hommes et ces femmes semblaient constituer des cas types. Une personne qui, auparavant, vivait sa vie sereinement, se sentait maintenant « tendue, plus hostile, en colère et irritée ». Une autre disait être devenue « plus irritable, agitée » et souffrait de ne plus pouvoir se concentrer longtemps. Une autre encore décrivait ainsi son état : « Mal dormi, apathique, plus nerveuse, davantage sur ses gardes. » Certains craignaient de faire une dépression nerveuse. Une autre personne était tellement troublée qu'elle s'est cognée au mur par inadvertance et a cassé ses lunettes.

Peut-être était-il temps pour tous ces gens de consulter un psychiatre ou de se faire prescrire des calmants ?

Non. Il était temps pour ces gens-là de laisser la vie reprendre son cours. Cela se passait au début des années 1970. Csikszentmihalyi venait de réaliser une expérience au cours de laquelle il avait demandé aux participants de noter tout ce qu'ils avaient fait au cours de leur existence qui ne soit « pas utile » : les activités qu'ils avaient pratiquées non pas par obligation, ni dans un but particulier, mais parce qu'ils aimaient cela. Il leur avait ensuite donné les instructions suivantes : « Du [date] matin au réveil jusqu'à 21 heures, comportez-vous de façon normale en faisant tout ce que vous avez à faire, mais en ne faisant rien de ce qui est "ludique" ou "inutile". »

En d'autres termes, Csikszentmihalyi et ses collaborateurs demandaient aux participants d'éliminer le *flow* de leur existence. Ceux qui aimaient certains aspects de leur travail devaient éviter les situations susceptibles de leur procurer du plaisir. Ceux qui aimaient faire du sport devaient rester sédentaires. Une femme qui aimait faire la vaisselle parce que c'était pour elle une activité constructive et l'occasion de faire des gestes machinaux sans se sentir coupable devait s'en abstenir autant que possible.

Les résultats ne se sont pas fait attendre. Dès la fin de la première journée, les participants ont remarqué que « leur comportement devenait plus apathique ». Ils ont commencé à se plaindre de maux de tête. La plupart ont fait état de difficultés de se concentrer et de « pensées [qui] tournent et reviennent sans mener nulle part ». Certains avaient sommeil, d'autres étaient trop agités pour pouvoir dormir. Selon Csikszentmihalyi : « Au bout de deux jours seulement de privation […] la détérioration générale du moral était si prononcée qu'il n'aurait pas été souhaitable de prolonger l'expérience [1]. »

Deux jours, qurante-huit heures sans *flow*, et les participants se retrouvaient plongés dans un état étrangement semblable à un trouble psychiatrique grave. Cette expérience indique que le *flow*, ce profond sens de l'implication que sollicite Motivation 3.0, n'est pas un luxe mais une nécessité. Nous en avons besoin pour survivre. C'est l'oxygène de l'âme.

Enfin, une des découvertes les plus surprenantes de Csikszentmihalyi est que les gens ont bien plus de chances d'atteindre cet état de *flow* au travail que dans leurs loisirs. Le travail présente souvent l'avantage d'offrir les conditions structurelles des expériences autotéliques : des objectifs clairs, un retour immédiat et des problèmes à résoudre qui sont bien adaptés à nos capacités. Lorsque c'est le cas, non seulement nous y trouvons davantage de plaisir et de satisfaction mais nous travaillons mieux. C'est pourquoi il est si curieux que les entreprises et les administrations acceptent que perdurent des environnements de travail qui privent un grand nombre de salariés de ce genre d'expérience. En veillant davantage à ce que les salariés aient des « tâches idéalement équilibrées » et en cherchant comment favoriser l'aspect positif de l'effet Sawyer, les entreprises peuvent servir leur propre cause tout en enrichissant la vie de leurs salariés.

Csikszentmihalyi avait compris cette réalité essentielle il y a plus de trente ans quand il avait écrit : « Il n'y a aucune raison de continuer à croire que seul un "jeu"

---

1. Cette étude est expliquée en détail dans les chapitres 10 et 11 de Csikszentmihalyi, *Beyond Boredom and Anxiety* (*op. cit.*), qui est la source de toutes les citations présentes dans ce livre.

inutile peut être amusant et que les affaires sérieuses doivent nécessairement être une lourde croix à porter. Une fois que nous avons réalisé que la frontière entre travail et jeu était artificielle, nous pouvons prendre les choses en main et nous atteler à la tâche difficile qui consiste à rendre notre existence plus vivable [1]. »

Cependant, si nous cherchons sur quoi nous appuyer et comment faire de la maîtrise un art de vivre, le mieux n'est sans doute pas de rester autour d'une table ni derrière un bureau.

Tout en déjeunant, Csikszentmihalyi et moi avons discuté des enfants. La vie d'un petit enfant est jalonnée d'expériences autotéliques. L'enfant passe d'un moment de *flow* à un autre, animé d'un goût pour le plaisir et l'amusement, ouvert aux possibilités, et travaille avec autant d'application qu'un élève de l'école militaire de West Point. Il se sert de son cerveau et de son corps pour tester son environnement et en tirer des enseignements. C'est une recherche ininterrompue de la maîtrise.

Vient un moment, dans la vie de l'enfant, où il cesse cette recherche. Que se passe-t-il ? « On commence à avoir honte de faire quelque chose de puéril », explique Csikszentmihalyi.

Quelle erreur ! C'est peut-être nous autres adultes qui sommes immatures. Songeons à l'expérience du jeune Csikszentmihalyi dans le train, se demandant comment les grandes personnes peuvent se tromper à ce point. Nous ne nous trouvons pas dans une situation aussi dramatique, mais l'idée n'en est pas moins pertinente. Selon Csikszentmihalyi, laissés à leurs propres occupations, les enfants recherchent le *flow* avec la constance d'une loi naturelle. C'est ce que nous devrions tous faire.

---

1. Csikszentmihalyi, *Beyond Boredom and Anxiety*, op. cit., p. 190.

7

LA FINALITÉ

Grâce aux statisticiens, nous savons que la croissance démographique est la clé de notre avenir. Grâce aux Rolling Stones, nous savons que nous ne pouvons pas toujours obtenir ce que nous voulons. Ce que nous ignorons, c'est ce qui se produit lorsque ces deux principes implacables se rencontrent autour d'un verre pour faire connaissance.

Toutefois, nous voici sur le point de le découvrir.

En 2006, les premiers membres de la génération du baby-boom ont atteint la soixantaine. Un anniversaire avec un chiffre rond est généralement l'occasion de marquer une pause, de réfléchir et de faire un point sur sa propre existence, et l'on s'est aperçu qu'un peu partout, le cap de la soixantaine déclenchait une réaction en trois étapes.

La première étape est la surprise d'avoir si vite atteint cet âge. On est un peu inquiet et l'on se dit que 60 ans est un âge avancé. On songe à ses regrets et on se rend compte qu'on n'a pas toujours eu ce que l'on voulait : Mick Jagger et ses camarades avaient raison.

C'est alors que commence la deuxième étape. Dans un passé relativement proche, 60 ans était un âge vénérable, mais en ce début du XXIe siècle, quiconque est en assez bonne santé pour avoir parcouru six décennies pourra généralement vivre encore un certain temps. Selon les statistiques de l'ONU, un Occidental âgé de

60 ans vivra en moyenne encore une vingtaine d'années, et une Occidentale âgée de 60 ans, un quart de siècle. Au Japon, un homme de 60 ans peut espérer vivre au moins jusqu'à 82 ans, une femme près de 88 ans. Il en est de même dans un certain nombre de pays riches. Aux États-Unis, en Israël, en Italie, en Suisse, au Canada et ailleurs, si vous avez atteint l'âge de 60 ans, vous avez de très fortes chances de devenir octogénaire [1]. Cette réalité est tout de même rassurante. À Toronto comme à Osaka, un enfant du baby-boom peut pousser un soupir de soulagement et se dire qu'il lui reste encore facilement vingt ans à vivre.

Cependant, le soulagement est de courte durée et la troisième étape commence. Au moment où il réalise qu'il a de bonnes chances de vivre encore vingt-cinq ans, le sexagénaire se projette vingt-cinq ans *en arrière*, quand il avait 35 ans. Il lui semble alors que le temps est passé très vite et il se demande si les vingt-cinq années qui lui restent ne vont pas filer tout aussi vite, auquel cas il craint de ne pas avoir le temps de marquer son passage sur Terre, de vivre ses meilleurs moments ou de changer quelque chose dans l'histoire du monde.

Ces questions peuvent sembler mièvres, mais il s'agit d'un phénomène sans précédent dans l'histoire de l'humanité. En effet, dans la plupart des pays occidentaux ainsi qu'au Japon, en Australie et en Nouvelle-Zélande, cette génération constitue la plus vaste masse démographique. Selon le Bureau américain du recensement, on compte environ 78 millions d'enfants du baby-boom rien qu'aux États-Unis, ce qui signifie que chaque année, en moyenne, plus de quatre millions d'Américains atteignent cet âge propice aux états

---

1. United Nations Statistics Division, *Gender Info 2007*, Table 3a (2007).

d'âme[1]. Cela représente plus de 11 000 personnes par jour et plus de 450 par heure.

En d'autres termes, aux États-Unis seulement, 100 enfants du baby-boom atteignent l'âge de 60 ans toutes les 13 minutes.

Toutes les 13 minutes, aux États-Unis, une centaine de personnes qui font partie de la génération la plus prospère et la plus instruite que le monde ait jamais connue commencent à se sentir mortelles et à se poser de grandes questions sur le sens de leur existence et sur ce qu'elles veulent vraiment.

Une centaine de personnes. Toutes les 13 minutes. Toutes les heures. Tous les jours. Jusqu'en 2024.

Quand l'air froid de la croissance démographique rencontre l'air chaud des rêves non réalisés, cela donne un orage comme le monde n'en a jamais vu.

LA MOTIVATION DE LA FINALITÉ

Les deux premiers piliers du type I, l'autonomie et la maîtrise, sont essentiels mais, pour que l'édifice tienne, il faut un troisième pilier : c'est la finalité, qui offre aux deux autres un contexte viable. Les gens autonomes qui recherchent la maîtrise sont des gens brillants, mais ceux qui associent cette recherche à un objectif plus grand peuvent atteindre des résultats encore plus considérables. Les personnes les plus profondément motivées – sans parler des plus productives – mettent leurs désirs au service d'une cause qui les dépasse.

Cependant, Motivation 2.0 ne reconnaît pas la finalité de l'action comme un motivateur. Le système d'exploitation de type X n'est pas incompatible avec cette notion,

---

1. « Oldest Boomers Turn 60 », U.S. Census Bureau Facts for Features, n° CB06-FFSE.01-2, 3 janvier 2006.

mais il la relègue au statut d'accessoire : un joli accessoire, peut-être, mais qui n'est pas censé interférer avec
les choses essentielles. Or, ce faisant, Motivation 2.0
néglige un aspect crucial de notre nature. Dès le moment
où les êtres humains ont commencé à observer le ciel, à
réfléchir à leur propre place dans l'univers et à se lancer
dans des entreprises susceptibles de rendre le monde
meilleur ou de prolonger leur propre existence, ils sont
devenus des chercheurs de sens. « La finalité procure une
énergie pour vivre, m'a expliqué Mihaly Csikszentmihalyi dans une interview. Je pense qu'une sélection naturelle a dû avoir lieu au profit des individus engagés dans
une activité qui les portait au-delà d'eux-mêmes. »

Motivation 3.0 vise à réhabiliter cet aspect de la
condition humaine. Compte tenu de l'âge actuel des
enfants du baby-boom et de leur nombre, cette notion
pénètre davantage la culture mondiale. En réponse à ce
phénomène, les entreprises ont commencé à repenser la
place de la finalité dans leurs activités. « En tant que
catalyseur émotionnel, la maximisation de la richesse n'a
pas le pouvoir de mobiliser pleinement les énergies
humaines [1] », déclare Gary Hamel, spécialiste en stratégies (et enfant du baby-boom). Il existe un phénomène
comparable au manque d'implication des salariés que j'ai
évoqué dans le chapitre précédent, et que les entreprises
commencent seulement à reconnaître : un regain tout
aussi net du bénévolat, surtout aux États-Unis. Ces tendances divergentes – à la baisse pour l'implication rémunérée et à la hausse pour l'effort non rémunéré –
indiquent que le travail bénévole apporte aux gens
quelque chose qu'un travail rémunéré ne leur apporte
tout simplement pas.

---

1. Gary Hamel, « Moon Shots for Management », *Harvard Business Review*, février 2009.

On constate aujourd'hui que la motivation du profit, aussi puissante qu'elle puisse être, ne suffit pas toujours aux individus ni aux organisations. Une source d'énergie aussi importante, que nous avons souvent négligée ou écartée parce que nous la trouvions irréaliste, est ce que l'on pourrait appeler la « motivation de la finalité ». C'est la grande distinction entre les deux systèmes d'exploitation. Motivation 2.0 était centré sur la maximisation du profit. Motivation 3.0 n'exclut pas le profit, mais accorde autant d'importance à la maximisation de la finalité. Les premières manifestations de cette nouvelle motivation sont visibles dans trois domaines de la vie des organisations : les objectifs, le discours et la politique.

Les objectifs

Les baby-boomers ne sont pas les seuls à rechercher la finalité. Ils sont suivis en cela par leurs enfants, qui constituent la génération Y. Ces jeunes adultes, qui sont eux-mêmes entrés récemment dans la vie active, déplacent par leur seule présence le centre de gravité des entreprises et des organisations. Comme l'écrivain Sylvia Hewlett s'en est aperçue, ces deux générations « redéfinissent la réussite [et] sont prêtes à accepter un ensemble de récompenses radicalement "remixé" ». Aucune de ces deux générations ne considère l'argent comme la forme de compensation la plus importante. Au contraire, une série de facteurs non monétaires sont préférés, qui vont de la qualité de l'équipe à la capacité de rendre son dû à la société par le travail[1]. Enfin, ceux qui ne trouvent pas ces satisfactions dans l'organisation qui les a engagés créent leur propre entreprise.

---

1. Sylvia Hewlett, « The "Me" Generation Gives Way to the "We" Generation », *Financial Times*, 19 juin 2009.

Prenons le cas de Blake Mycoskie, un Américain de la génération Y, et de la société TOMS Shoes qu'il a créée en 2006. TOMS est une entreprise inclassable. Elle commercialise des chaussures en toile à semelle plate, mais pour chaque paire de chaussures vendue, une autre paire est offerte à un enfant d'un pays en développement. Doit-on considérer TOMS comme une œuvre humanitaire qui finance son activité en vendant des chaussures, ou comme une entreprise qui sacrifie ses profits pour une bonne cause ? Ni l'une ni l'autre, et en même temps, l'une et l'autre. La réponse est si difficile à donner que TOMS Shoes a dû y répondre sur son propre site Internet, juste au-dessous de l'information sur la possibilité d'échanger une paire trop grande : TOMS est « une société commerciale fondée sur le don ».

Cette définition vous convient-elle ? Sinon, pourquoi pas celle-ci : « Notre modèle d'entreprise fait de nos clients des bienfaiteurs. » Les entreprises comme TOMS brouillent les catégories existantes. Leurs objectifs et la façon dont elles les atteignent sont tellement incompatibles avec Motivation 2.0 qu'en fonctionnant sous ce système d'exploitation du XXᵉ siècle, TOMS serait vouée à l'échec.

Motivation 3.0, au contraire, est précisément conçue pour la maximisation de la finalité. L'essor des entreprises qui maximisent la finalité est bien une des raisons pour lesquelles nous avons besoin de ce nouveau système d'exploitation. Comme je l'ai expliqué au chapitre 1, des opérations comme TOMS laissent entrevoir une remise en question plus globale de la façon de s'organiser. Les objectifs des « *for-benefit organizations* », des « B Corporations »[1] et des sociétés à faibles profits et responsabilité

---

1. Voir les informations relatives à ces deux nouveaux types d'entreprise p. 42.

limitée ne sont plus exactement ceux des entreprises traditionnelles, et toutes ces nouvelles formules sont en train de prendre davantage d'importance à mesure qu'une nouvelle sorte d'hommes d'affaires cherche à donner du sens à son activité avec la même ferveur que les entrepreneurs sont censés rechercher le profit selon la théorie économique traditionnelle. Même les coopératives, un modèle d'entreprise plus ancien dont l'objet n'est pas la maximisation du profit, sont sur les rangs. Selon l'écrivain Marjorie Kelly, au cours des trente dernières années, le nombre de membres de coopératives dans le monde a doublé et il atteint aujourd'hui 800 millions. Aux États-Unis seulement, le nombre de personnes membres de coopératives dépasse le nombre de détenteurs de titres boursiers. L'idée continue à se répandre. En Colombie, selon Marjorie Kelly, « SaludCoop fournit des services de soins au quart de la population. En Espagne, la Mondragón Corporación Cooperativa est la septième plus grande entreprise du pays [1] ».

Ces entreprises à but « pas seulement lucratif » n'ont rien à voir avec les entreprises « socialement responsables » qui font fureur depuis une quinzaine d'années mais qui ont rarement tenu leurs promesses. L'objectif de ces entreprises fonctionnant sous Motivation 3.0 n'est pas de faire du profit tout en tâchant de conserver une éthique et de respecter les lois, mais de maximiser la finalité. Le profit est le catalyseur et non l'objectif.

---

1. Marjorie Kelly, « Not Just for Profit », *strategy+business*, 54, printemps 2009, p. 5.

Le discours

Au printemps 2009, alors que l'économie mondiale peine à se remettre d'une crise historique, une poignée d'étudiants de Harvard se sont demandé s'ils n'y étaient pas pour quelque chose. Ils se rendaient compte que leurs modèles – les intermédiaires financiers – n'étaient pas des héros mais plutôt des bandits. Un certain nombre de ces hommes d'affaires amenaient en effet le système financier mondial vers le gouffre. Or, ces jeunes gens observaient déjà parmi leurs camarades d'études les prémices d'un comportement similaire. Dans une enquête auprès d'étudiants en MBA réalisée quelques années plus tôt, 56 % d'entre eux reconnaissaient même qu'ils trichaient régulièrement [1].

C'est ainsi que des étudiants en deuxième année à Harvard, craignant que ce qui suscitait auparavant la fierté et l'admiration ne soit devenu une honte, ont élaboré un plan. Ils ont inventé le « serment du MBA », l'équivalent du serment d'Hippocrate mais pour les étudiants en gestion. Il ne s'agit pas d'un document légal mais d'un code de conduite qui privilégie la maximisation de la finalité plutôt que la maximisation du profit.

Dès la première phrase, ce serment est en phase avec Motivation 3.0 :

« En tant que manager, mon but est de servir le bien commun en rassemblant les personnes et les ressources pour créer une valeur que nul ne peut créer à lui seul. » Les étudiants prennent notamment les engagements suivants : « Je sauvegarderai les intérêts de mes actionnaires, collaborateurs, clients et de la société dans laquelle nous

---

1. Kelly Holland, « Is It Time to Re-Train B-Schools ? », *New York Times*, 14 mars 2009 ; Katharine Mangan, « Survey Finds Widespread Cheating in M.B.A. Programs », *Chronicle of Higher Education*, 19 septembre 2006.

évoluons » et « Je m'efforcerai de créer de la prospérité dans le monde économique, social et environnemental. »

Des termes comme « le bien commun » et « environnemental » ne proviennent pas du lexique des adeptes du type X et ce sont des expressions qu'on entend rarement dans les écoles de commerce. Il est vrai qu'au départ, ces dernières ne sont pas censées traiter de ce genre de notion, mais ce n'est pas ce que pensent certains étudiants de la formation la plus réputée du monde. En l'espace de quelques semaines seulement, à peu près un quart des étudiants en dernière année de master avaient prêté serment et signé ces engagements. Leur initiateur, Max Anderson, a déclaré : « Ce que j'espère, c'est qu'au moment de notre vingt-cinquième réunion, notre promotion ne se sera pas distinguée par la quantité d'argent qu'elle aura gagnée ni par les sommes qu'elle aura reversées à l'école, mais par la façon dont le monde sera devenu meilleur sous notre direction [1]. »

Les mots comptent et, en écoutant attentivement, vous commencerez peut-être à entendre parler un langage légèrement différent, un peu plus orienté vers la finalité. Pour Gary Hamel, dont j'ai parlé précédemment, « les objectifs du management sont généralement décrits avec des termes comme "rentabilité", "avantages", "valeur", "supériorité", "concentration" et "différenciation". Quelle que soit l'importance de ces objectifs, ils n'ont pas le pouvoir de toucher le cœur des gens. » Selon lui, les dirigeants des entreprises « doivent trouver des moyens d'imprégner les activités commerciales et financières les plus terre à terre d'idéaux plus profonds et plus stimulants pour l'esprit comme l'honneur, la vérité,

---

1. Voir le site Internet du Serment du MBA : http://mbaoath.org/about/history.

l'amour, la justice et la beauté [1] ». Humanisez le discours, et vous pourrez humaniser l'activité.

C'est cet esprit qui inspire la méthode simple et efficace avec laquelle Robert B. Reich, ancien ministre américain du Travail, évalue la santé d'une organisation. Il l'appelle le « test du pronom ». Quand il se rend dans une entreprise, il pose des questions aux employés sur leur société. Il s'intéresse évidemment à leur réponse, mais surtout, il note les pronoms qu'ils utilisent. Quand ils parlent de leur entreprise, disent-ils plutôt « ils » et « eux », ou « nous » ? Selon Reich, ces deux possibilités sont associées à deux types d'environnement de travail très différents [2]. Avec Motivation 3.0, le gagnant est « nous ».

La politique de l'organisation

À partir du discours qu'elle tient, l'entreprise met en œuvre une certaine politique pour atteindre ses objectifs. Là aussi, on peut distinguer les premiers signes d'une approche différente. Au cours des dernières décennies, par exemple, un grand nombre d'entreprises ont consacré un temps et des efforts considérables à mettre au point des règles éthiques. Pourtant, il ne semble pas que les exemples de comportement immoral soient devenus plus rares. Quelle que soit la valeur de ces règles éthiques, elles peuvent par inadvertance provoquer le passage d'un schéma de type I à un schéma de type X. Comme l'explique Max Bazerman, professeur de la Harvard Business School :

---

1. Gary Hamel, « Moon Shots for Management », *Harvard Business Review*, février 2009.
2. Pour ne rien vous cacher, j'ai travaillé pour Reich au début des années 1990. On peut lire un bref aperçu de cette idée dans Robert B. Reich, « The "Pronoun Test" for Success », *Washington Post*, 28 juillet 1993.

« Supposons que vous vous adressiez à des gens motivés pour bien se conduire et que vous leur donniez une
série de règles éthiques peu exigeantes à respecter. Maintenant, au lieu de leur demander de s'y conformer "parce
que c'est la bonne chose à faire", vous leur donnez une
autre série de règles sous forme de cases à cocher.

« Imaginez, par exemple, une organisation qui croit
aux vertus de la discrimination positive et qui veut
rendre le monde meilleur grâce à davantage de diversité
humaine. En réduisant l'éthique à une liste de cases à
cocher, on fait de la discrimination positive une simple
série d'exigences auxquelles l'organisation doit satisfaire
pour montrer qu'elle ne pratique pas de discrimination.

« Dès lors, l'organisation ne se soucie plus de rechercher la diversité par la discrimination positive mais
plutôt de bien remplir toutes les conditions afin de montrer qu'elle est en règle (et d'éviter le risque d'être pour-
suivie en justice). Auparavant, son personnel avait une
motivation intrinsèque à bien se conduire, mais maintenant il s'agit d'une motivation extrinsèque à éviter tout
procès et toute amende pour l'entreprise. [1] »

En d'autres termes, les exigences éthiques minimales
pour éviter une sanction pourront être satisfaites mais ce
ne sont pas ces règles qui ajouteront de la finalité et du
sens dans le monde de l'entreprise. Une meilleure
méthode consisterait à mettre le pouvoir de l'autonomie
au service de la maximisation de la finalité. Deux
exemples remarquables illustreront mon propos.

Premièrement, de nombreux psychologues et économistes ont constaté que la corrélation entre l'argent et
le bonheur était faible : au-delà d'un certain seuil (très

---

1. « Evaluating Your Business Ethics : A Harvard Professor
Explains Why Good People Do Unethical Things », *Gallup Management Journal*, 12 juin 2008.

modeste), une somme d'argent plus importante n'apportait pas un niveau de satisfaction plus élevé. Cependant, certains chercheurs en sciences sociales ont commencé à nuancer quelque peu cette observation. Selon Lara Aknin et Elizabeth Dunn, sociologues à l'université de Colombie britannique et Michael Norton, psychologue de la Harvard Business School, la façon dont les gens dépensent leur argent pourrait bien avoir au moins autant d'importance que les sommes qu'ils gagnent. De ce point de vue, des dépenses en faveur d'autrui (acheter des fleurs pour sa femme plutôt qu'un MP3 pour soi-même) ou pour une bonne cause (donner à une association caritative plutôt que se payer un coiffeur de luxe) peuvent véritablement accroître notre bien-être subjectif[1]. Dunn et Norton proposent d'ailleurs d'appliquer leurs conclusions, concernant ce qu'ils appellent les dépenses « pro-sociales », à la politique des entreprises. Selon le *Boston Globe*, ils pensent que « les entreprises peuvent accroître le bien-être émotionnel de leur personnel en consacrant une partie de leur budget à une association caritative et en confiant à chaque salarié une somme à donner. Les salariés sont ainsi plus heureux car ils choisissent eux-mêmes le bénéficiaire[2] ». En d'autres termes, donner à chaque salarié le contrôle de la manière dont l'entreprise redonne à la collectivité permettrait d'accroître davantage leur satisfaction globale qu'une formule monétaire qui serait de type conditionnel.

Une autre étude ouvre la voie à un second type de mesure dans le même esprit. Des médecins très qualifiés comme ceux de la Mayo Clinic (États-Unis) travaillent

---

1. Elizabeth W. Dunn, Lara B. Ankin, Michael I. Norton, « Spending Money on Others Promotes Happiness », *Science 21*, mars 2008.
2. Drake Bennett, « Happiness : A Buyer's Guide », *Boston Globe*, 23 août 2009.

généralement sous pression, mais une étude menée dans ce centre de soins prestigieux a montré que lorsque ces médecins avaient la possibilité de consacrer un jour par semaine à l'aspect de leur travail qui importe le plus à leurs yeux – soins aux patients, travail de recherche, etc. –, cela leur permettait d'être moins épuisés physiquement et émotionnellement. Les médecins ayant participé au protocole d'essai se sont sentis exténués deux fois moins souvent que les autres[1]. Cela ne vous rappelle pas les 20 % de temps libre en entreprise dont il a été question précédemment ?

UNE VIE EXCELLENTE

Chaque année, environ 1 300 diplômés sortent de l'université de Rochester et commencent leur découverte de ce que les parents et professeurs se plaisent à appeler le monde réel. Edward Deci, Richard Ryan et leur collègue Christopher Niemiec ont demandé à un échantillon de futurs diplômés quels étaient leurs objectifs dans la vie et ont décidé de suivre leur parcours professionnel pour voir ce qu'ils deviendraient. Les chercheurs en sciences sociales se servent généralement d'étudiants volontaires, mais il est rare qu'ils les suivent une fois qu'ils sont sortis de l'université. Si ces chercheurs ont voulu étudier l'insertion de ces jeunes diplômés dans le monde du travail, c'est parce que cette période est « la période critique de développement qui marque la transition vers l'identité et la vie de l'adulte[2] ».

---

1. Tait Shanafelt *et al.*, « Career Fit and Burnout Among Academic Faculty », *Archives of Internal Medicine*, 169, n° 10, mai 2009), p. 990-995.
2. Christopher P. Niemiec, Richard M. Ryan, Edward L. Deci, « The Path Taken : Consequences of Attaining Intrinsic and Extrinsic Aspirations », *Journal of Research in Personality*, 43, 2009, p. 291-306.

Certains de ces étudiants de Rochester avaient ce que Deci, Ryan et Niemiec appellent des « aspirations extrinsèques », par exemple devenir riche ou célèbre, ce que l'on pourrait appeler des « objectifs de profit ». D'autres avaient des « aspirations intrinsèques », comme aider les autres à vivre mieux, à apprendre, à grandir, ce que l'on pourrait appeler des « objectifs de finalité ». Au bout d'un ou deux ans, les chercheurs sont allés retrouver ces anciens étudiants pour voir où ils en étaient.

Chez ceux qui avaient des objectifs de finalité et qui estimaient qu'ils les réalisaient, le niveau de satisfaction et de bien-être subjectif était plus élevé que durant leurs études, et l'anxiété et la dépression étaient rares. Cela n'est sans doute pas surprenant. Ces jeunes gens s'étaient fixé un objectif personnel chargé de sens et ils avaient le sentiment de le réaliser. Dans une telle situation, la plupart des gens seraient sans doute heureux.

En revanche, pour ceux qui s'étaient fixé des objectifs de profit, les résultats étaient bien plus problématiques. Chez ceux qui déclaraient réaliser ces objectifs (accumuler de la richesse, être acclamés), les niveaux de satisfaction, d'estime de soi et d'affect positif n'étaient pas plus élevés que lorsqu'ils étaient étudiants. En d'autres termes, ils pouvaient atteindre leurs objectifs mais cela ne les rendait pas plus heureux. En outre, ils étaient *plus* anxieux et plus dépressifs, sans compter d'autres indicateurs négatifs, alors même qu'ils atteignaient leurs objectifs.

« Ces observations sont plutôt frappantes, notent les auteurs, car elles indiquent que le fait d'atteindre certains objectifs particuliers (en l'occurrence, des objectifs de profit) n'a aucun impact sur le bien-être et contribue même au mal-être [1]. »

---

1. *Ibid.*

Le jour où j'ai discuté de ces résultats avec Deci et Ryan, ils ont particulièrement insisté sur leur importance : même lorsque nous obtenons ce que nous voulons, ce n'est pas toujours ce dont nous avions besoin. « Les gens qui privilégient des objectifs de richesse ont plus de chances d'atteindre cette richesse, mais ils restent malheureux », m'a expliqué Ryan.

Selon Deci : « L'idée est la suivante : vous attachez de l'importance à une chose. Vous l'obtenez. Vous êtes alors plus satisfait de ce point de vue. Mais ce que nous constatons, c'est qu'en attachant de la valeur à certaines choses et en les obtenant, on s'en trouve *plus* mal et non pas mieux. »

En ne comprenant pas que pour être satisfait, il faut non seulement avoir des objectifs mais encore avoir les bons objectifs, on risque de se retrouver dans un cycle autodestructeur. Quand les gens poursuivent des objectifs de profit, s'ils les atteignent et s'ils n'en sont pas plus heureux dans leur vie, une réponse consiste à élargir ces objectifs : chercher à gagner encore plus ou être encore plus reconnu, et selon Ryan, « ils risquent de se retrouver plus malheureux encore tout en croyant qu'ils sont sur le chemin du bonheur ».

« Une des raisons de l'anxiété et de la dépression chez les gens brillants est qu'ils n'ont pas de bonnes relations avec les autres. Ils sont occupés à gagner de l'argent et à gérer leurs propres affaires, si bien qu'il ne reste plus beaucoup de place dans leur vie pour l'amour, l'attention, l'empathie, les choses qui comptent vraiment », ajoute Ryan.

Si ce constat est globalement vrai pour les individus, pourquoi ne serait-il pas vrai également pour les organisations ? Je ne veux pas dire que le profit ne compte pas. Le profit compte, et il joue un rôle important comme motivation à réussir, mais il n'est pas la seule motivation.

Il n'est pas non plus la motivation la plus importante. Si l'on cherchait quelles ont été les plus grandes réussites de l'Histoire, depuis la presse de Gutenberg jusqu'aux vaccins contre des maladies mortelles en passant par la démocratie constitutionnelle, leurs auteurs ont toujours été stimulés au moins autant par la finalité que par le profit. Une société saine et des entreprises saines sont fondées d'abord sur la finalité, le profit étant seulement un moyen d'y parvenir ou un heureux effet secondaire du processus.

C'est là que les baby-boomers peuvent peut-être – je dis bien peut-être – mener le jeu. Concernant l'autonomie et la maîtrise, les adultes devraient prendre exemple sur les enfants. Toutefois, il en va peut-être différemment de la finalité. Être capable d'envisager les choses dans leur globalité, méditer sur sa propre condition de mortel, comprendre ce paradoxe qu'atteindre certains objectifs n'est pas la réponse, tout cela suppose un certain vécu. Sachant que pour la première fois, l'humanité comptera bientôt davantage de personnes ayant dépassé 65 ans que d'enfants de moins de 5 ans, le moment ne pourrait pas être mieux trouvé.

Chercher une finalité est dans notre nature, mais cette nature est aujourd'hui révélée et exprimée sur une échelle démographique sans précédent, et jusqu'à récemment difficilement imaginable. Les conséquences de ce phénomène pourraient être extrêmement étendues.

Une idée centrale de ce livre est le décalage entre ce que les scientifiques savent et ce que les entreprises pratiquent. L'écart est important et préoccupant. Si combler cet écart semble difficile, nous avons tout de même des raisons d'être optimiste.

Les scientifiques qui étudient les motivations humaines – et nous en avons rencontré plusieurs dans ce livre – nous proposent une vision plus nette et plus précise de la performance et de la condition humaine. Les vérités qu'ils ont mises à jour sont simples et cependant déterminantes. La science montre que les motivateurs typiques du XXe siècle, la carotte et le bâton – que nous considérons comme faisant « naturellement » partie de l'entreprise – peuvent parfois être efficaces. Cependant, ils ne sont efficaces que dans un nombre de cas étonnamment limité. La science montre que non seulement les récompenses conditionnelles sur lesquelles repose le système d'exploitation Motivation 2.0 sont bien souvent inefficaces, mais qu'elles peuvent aussi compromettre les capacités conceptuelles et créatives qui sont si importantes pour le progrès économique et social actuel et futur. La science montre que le secret pour être brillant n'est ni notre motivation biologique ni le système des récompenses et des punitions, mais notre troisième type de motivation : notre profond désir de diriger notre propre vie, d'accroître et de diversifier nos capacités et de donner un sens à notre vie.

Conformer nos entreprises à ces vérités ne sera pas facile. Il est difficile de désapprendre ce que l'on a longtemps cru, et il est encore plus difficile de se défaire de ses anciennes habitudes. Concernant les possibilités de combler un de ces jours l'écart entre ce que l'on sait et ce que l'on pratique, je serais moins optimiste si la science ne confirmait pas ce qu'au fond de nous-mêmes nous savions déjà.

Nous savons que les humains ne sont pas semblables à des ânes qui poursuivraient des carottes. Nous savons, si seulement nous avons déjà passé un peu de temps avec de jeunes enfants ou si nous avons de la mémoire, que nous ne sommes pas voués à la passivité et à l'obéissance. Nous sommes faits pour être actifs et impliqués, et nous savons que les expériences les plus riches de l'existence ne sont pas les moments où nous espérons l'approbation des autres mais ceux dans lesquels nous écoutons notre propre voix : lorsque nous faisons quelque chose qui compte, lorsque nous le faisons avec application et lorsque c'est au service d'une cause qui nous dépasse.

Finalement, combler cet écart et mettre à jour nos connaissances sur les motivations en ce début du XXIe siècle est davantage qu'un progrès essentiel pour le monde de l'entreprise. C'est l'affirmation de notre humanité.

III

LA BOÎTE À OUTILS DU TYPE I

Bienvenue dans la boîte à outils du type I

Il s'agit de votre guide pour exploiter les idées contenues dans ce livre et les mettre en application. Que vous cherchiez une meilleure façon de diriger votre entreprise, de gérer votre carrière ou d'aider vos enfants, vous trouverez un conseil, une méthode ou un livre qui vous sera destiné. Et si vous avez besoin d'un bref résumé de ce livre, ou si vous voulez mieux comprendre un des termes qui y sont utilisés, vous trouverez également ce qu'il vous faut.

Il n'est pas nécessaire de lire cette partie dans l'ordre. Choisissez une rubrique qui vous intéresse et allez-y. Comme toute bonne boîte à outils, celle-ci est assez riche et assez polyvalente pour que vous y reveniez, encore et encore.

Ce que contient cette boîte à outils

Appliquez le type I pour vous seul : neuf méthodes pour éveiller votre motivation (p. 194)

Appliquez le type I pour votre organisation : neuf moyens de faire progresser votre entreprise, votre administration ou votre équipe (p. 201)

Faites abstraction de la compensation : rémunérez les gens selon le type I (p. 209)

Appliquez le type I avec vos enfants : neuf idées pour les motiver autrement (p. 213)

Appliquez le type I pour vous seul : neuf méthodes pour éveiller votre motivation

Le type I est acquis, et non pas inné. Même si le monde abonde en motivateurs extrinsèques, nous avons largement de quoi faire beaucoup pour avoir plus d'autonomie, plus de maîtrise et plus de finalité dans notre travail et dans notre existence. Voici neuf exercices pour progresser sur le bon chemin.

Faites le test du flow

Mihaly Csikszentmihalyi n'a pas seulement inventé le concept de *flow*. Il est aussi à l'origine d'une nouvelle technique ingénieuse pour le mesurer. Dans le cadre de leurs travaux de recherche, Csikszentmihalyi et ses collaborateurs de l'université de Chicago ont équipé les participants de bipeurs, puis ils leur ont envoyé des messages à intervalles de temps aléatoires (environ huit fois par jour) pendant une semaine en leur demandant de décrire leur état mental à l'instant même. Comparé aux méthodes antérieures, ce système de rapports en temps réel s'est révélé bien plus fiable et bien plus éloquent.

Dans votre propre quête de la maîtrise, vous pouvez utiliser la méthode mise au point par Csikszentmihalyi et tester votre *flow*. Sur votre ordinateur ou votre téléphone portable, programmez un signal de telle sorte qu'il se déclenche quarante fois dans la semaine, à des moments aléatoires. À chaque fois que vous entendrez le signal, notez ce que vous étiez en train de faire, comment vous vous sentez et si vous êtes ou non dans un état de *flow*. À la fin de la semaine, examinez les résultats et répondez aux questions suivantes :

– À quels moments avez-vous éprouvé la sensation du *flow* ? Où étiez-vous ? Qu'étiez-vous en train de faire ? Avec qui étiez-vous ?

– Certains moments de la journée sont-ils plus favorables que d'autres au *flow* ? En fonction de vos observations, comment pourriez-vous réorganiser vos journées ?

– Comment pourriez-vous accroître le nombre d'expériences optimales et réduire les moments pendant lesquels vous vous êtes senti peu impliqué ou distrait ?

– Si vous avez des doutes concernant votre travail ou votre carrière, quelles leçons tirez-vous de cet exercice concernant votre véritable source de motivation intrinsèque ?

Posez-vous d'abord une question importante...

En 1962, Clare Boothe Luce, une des premières femmes membres du Congrès américain, avait donné un conseil au président John F. Kennedy : selon elle, un grand homme se définissait en une phrase. Pour Abraham Lincoln, par exemple, c'était : « Il a sauvegardé l'union et

affranchi les esclaves. » De Franklin D. Roosevelt, on pouvait dire : « Il nous a sortis de la grande dépression et il
nous a permis de gagner une guerre mondiale. » Clare
Luce craignait que Kennedy s'éparpille trop, au point qu'il
faille tout un paragraphe pour définir sa présidence.

Inutile d'être président des États-Unis ni même d'une
association de philatélistes pour tirer un enseignement
de cette histoire. Pour orienter votre existence vers une
plus grande finalité, réfléchissez à une phrase qui vous
définirait. Ce pourrait être : « Il a élevé quatre enfants
qui sont devenus des adultes heureux », ou « Elle a
inventé un appareil qui a rendu aux gens la vie plus
facile », ou bien « Il accordait la même attention à tous
ses interlocuteurs, sans se demander ce qu'ils allaient lui
apporter », ou encore « Elle a appris à lire à deux générations d'enfants. »

En réfléchissant à ce qui compte pour vous, posez-vous
cette importante question : Quelle serait votre phrase ?

... puis posez-vous une petite question

La question importante qui précède est nécessaire,
mais elle ne suffit pas. On ne réussit pas du jour au
lendemain. Comme peuvent en attester ceux qui se sont
déjà entraînés pour le marathon, ceux qui ont appris une
langue étrangère ou ceux qui dirigent une entreprise avec
succès, il faut toujours consacrer beaucoup de temps à
des tâches ingrates avant d'en recueillir les fruits.

Pour rester motivé, faites ce qui suit. Chaque soir,
demandez-vous si vous avez fait mieux que la veille. En
avez-vous fait plus ? Avez-vous bien fait les choses ? Pour
être plus précis, avez-vous appris vos dix nouveaux mots
de vocabulaire, avez-vous passé vos huit coups de téléphone, avez-vous consommé vos cinq portions de fruits

et de légumes, avez-vous écrit vos quatre pages ? Vous n'êtes pas censé être parfait tous les jours. Cherchez plutôt à réaliser des petits progrès, en notant le temps pendant lequel vous avez travaillé votre piano ou si vous avez attendu d'avoir terminé le rapport que vous deviez rédiger avant de consulter votre courrier électronique. Garder à l'esprit que vous n'êtes pas censé devenir un champion au bout de 3 jours est le meilleur moyen de le devenir au bout de 3 000 jours.

Par conséquent, chaque soir avant de vous coucher, posez-vous cette petite question : Ai-je fait mieux aujourd'hui qu'hier ?

Faites comme Sagmeister

Le graphiste Stephan Sagmeister a trouvé un moyen remarquable de vivre selon le type I. Il a constaté que de façon générale, dans les pays développés, les gens passent les vingt-cinq premières années de leur vie à apprendre, les quarante années qui suivent à travailler et les vingt-cinq années qui restent à la retraite. Sagmeister s'est alors dit qu'il pouvait être bon de répartir cinq des vingt-cinq années de retraite au milieu des années de travail.

Ainsi, tous les sept ans, Sagmeister ferme son agence et prend une année sabbatique. Il voyage, découvre des endroits où il n'était jamais allé, expérimente de nouveaux projets. Cela peut sembler risqué, mais Sagmeister affirme que les idées qu'il trouve durant ses années sabbatiques lui permettent souvent de trouver une source de revenus pour les sept années à venir. Pour faire comme Sagmeister, il faut bien sûr planifier et économiser, mais renoncer à ce téléviseur grand écran qui vous faisait envie, est-ce cher payé pour pouvoir s'offrir une année inoubliable – et non récupérable – d'introspection et de découverte ? En réalité, cette idée est plus réaliste que la plupart d'entre nous le pensent. C'est pourquoi je compte bien prendre une année sabbatique dans deux ou trois ans, et je pense que c'est une chose que vous devriez vous aussi envisager sérieusement.

Un auto-examen d'évaluation

L'entretien annuel d'évaluation, comme certains autres rituels de la vie en entreprise, est à peu près aussi agréable qu'une rage de dents et aussi productif qu'une collision ferroviaire. Personne n'aime ça : ni celui qui passe l'entretien, ni celui qui le fait passer. Ce n'est pas vraiment ce qui nous aide à parvenir à la maîtrise, surtout si le retour se fait attendre six mois (imaginez que Serena Williams ne puisse connaître son classement mondial qu'une fois tous les six mois). Et cependant, les employeurs continuent de faire subir à leurs salariés ces entretiens pénibles.

Il y aurait peut-être mieux à faire. Comme l'ont suggéré Douglas McGregor et d'autres, peut-être devrions-nous procéder à des auto-examens d'évaluation. Voici comment faire. Déterminez vos objectifs – principalement vos objectifs d'apprentissage, mais aussi des objectifs de performance – puis chaque mois, asseyez-vous à votre bureau et évaluez-vous vous-même. Comment vous situez-vous ? Quelles sont vos lacunes ? De quels outils, de quelles informations, de quelle aide auriez-vous besoin pour pouvoir faire mieux ?

Voici quelques autres pistes :

– Tenez compte d'objectifs à la fois à court terme et à plus long terme. Ainsi, au moment de vous évaluer, vous aurez déjà mené à bien certaines tâches.

– Clarifiez bien le lien entre chaque aspect de votre travail et votre objectif le plus global.

– Soyez tout à fait honnête avec vous-même. Cet exercice est destiné à vous permettre de progresser vers la maîtrise. En rationalisant vos échecs et en ignorant vos erreurs au lieu d'en tirer les leçons, vous perdriez votre temps.

Enfin, si vous ne pensez pas pouvoir faire cet exercice tout seul, formez un petit groupe de collègues pour vous évaluer mutuellement. Si vos collègues sont sérieux, ils vous diront la vérité et vous inciteront à assumer vos responsabilités. Une dernière question pour les patrons : pourquoi diable n'encouragez-vous pas tout votre personnel à faire cela ?

Retrouvez l'inspiration grâce aux stratégies obliques

Même la personne la plus intrinsèquement motivée peut parfois avoir le sentiment qu'elle n'aboutit à rien. Voici donc un moyen simple, facile et amusant de sortir d'une telle stagnation mentale. En 1975, le producteur Brian Eno et l'artiste Peter Schmidt ont commercialisé un jeu de cartes permettant de mieux vivre les moments de pression qui accompagnent toujours l'arrivée d'une échéance. Chaque carte, à tirer lorsque vous êtes bloqué dans une tâche, comporte une question ou une proposition unique, souvent énigmatique, destinée à vous déstabiliser (exemples : *Que ferait votre meilleur ami ? / Votre erreur était une intention inavouée. / Quelle est la solution la plus simple ? / La répétition est une forme de changement. / Ne fuyez pas la facilité*). Quand vous vous retrouvez coincé sur un projet, tirez une carte du jeu des Stratégies obliques ; c'est un bon moyen de garder l'esprit éveillé, même si vous subissez certaines contraintes que vous ne pouvez pas changer. Vous pouvez acheter ce jeu sur Internet, par exemple sur www.enoshop.co.uk (en anglais uniquement) ou consulter la liste française de toutes les cartes en ligne [1]. Il existe même une application iPhone dédiée.

Progressez de cinq pas vers la maîtrise

Un des secrets de la maîtrise est ce qu'Anders Ericsson, professeur de psychologie à l'université d'État de Floride, appelle la « pratique délibérée » : une « vie entière [...] d'efforts pour progresser dans un domaine spécifique ». La pratique délibérée ne consiste pas à courir chaque jour quelques kilomètres ni à passer chaque matin vingt minutes derrière son piano. Il s'agit d'être bien plus impliqué, concentré, et – n'ayons pas peur des mots – de se donner du mal. Faites comme suit, encore et encore, et dans dix ans vous serez peut-être un maître :

– N'oubliez pas que la « pratique délibérée » a pour objectif de progresser. « Les gens qui jouent au tennis une semaine par an ne progressent pas s'ils font la même chose à chaque fois, explique Ericsson. La pratique délibérée consiste à évoluer, à se fixer de nouveaux objectifs et à s'astreindre à faire chaque fois un peu mieux. »

– Répétez, répétez, répétez. La répétition est essentielle. Après leur travail en équipe, les basketteurs ne marquent pas dix paniers : ils en marquent cinq cents.

– Sachez toujours où vous en êtes. Si vous l'ignorez, vous ne saurez pas ce que vous devez améliorer.

– Concentrez-vous sur ce qui doit être amélioré. La plupart des gens travaillent ce dans quoi ils sont déjà bons, mais « ceux qui progressent sont ceux qui travaillent sur leurs faiblesses ».

– Préparez-vous à être épuisé mentalement et physiquement. C'est pour cela que si peu de gens persévèrent, mais c'est pour cela que c'est efficace.

---

1. Voir la page correspondante sur le site de Gregory Taylor : www.rtqe.net/ObliqueStrategies/FrenchEd.html

Lisez Webber et tirez une carte de votre poche

Dans son livre *Rules of Thumb* (Les méthodes empiriques, non traduit à ce jour), Alan Webber, cofondateur du magazine *Fast Company*, propose un exercice intelligent et simple pour savoir si l'on progresse vers l'autonomie, la maîtrise et la finalité. Découpez quelques cartes blanches de format 12 × 8 cm. Sur une carte, écrivez votre réponse à la question suivante : « Qu'est-ce qui vous motive pour vous lever le matin ? » Ensuite, de l'autre côté de la carte, inscrivez votre réponse à la question suivante : « Qu'est-ce qui vous tient éveillé le soir ? » Réduisez chaque réponse à une phrase simple. Si une réponse ne vous satisfait pas, jetez la carte et réessayez jusqu'à ce que vous obteniez deux phrases qui vous conviennent. Si les deux réponses vous permettent d'y voir plus clair dans vos objectifs et de progresser, bravo ! « Faites-en votre boussole, vous dit Webber, en vérifiant de temps à autre si ces phrases sont toujours vraies. Si vous n'aimez plus une de vos réponses, cela soulève une autre question : qu'allez-vous faire pour changer ça ? »

APPLIQUEZ LE TYPE I À VOTRE ORGANISATION : NEUF MOYENS DE FAIRE PROGRESSER VOTRE ENTREPRISE, VOTRE ADMINISTRATION OU VOTRE ÉQUIPE

Que vous soyez le P-DG ou simple salarié, vous pouvez contribuer à rendre les gens plus impliqués et à faire de votre lieu de travail une organisation productive favorisant les comportements de type I. Voici neuf moyens de faire sortir votre organisation du passé pour la faire entrer dans le monde plus lumineux de Motivation 3.0.

Essayez la formule des 20 %... version débutant

Vous êtes maintenant au courant des miracles des « 20 % », cette nouvelle méthode consistant à inciter le personnel à consacrer un cinquième de son temps de travail à un projet de son choix. S'il vous est déjà arrivé d'utiliser Gmail ou de lire Google News, vous avez déjà profité des résultats de cette expérience. Cependant, malgré toutes les vertus de cette innovation fondée sur le type I, sa mise en place peut sembler déroutante. Quel en sera le coût ? Et si ça ne marche pas ? Si l'expérience vous effraie, optez pour une version plus modeste : 20 % du temps, mais... version débutant. Commencez par 10 %, c'est-à-dire un après-midi seulement sur une semaine de cinq jours (qui n'a jamais gaspillé une demi-journée de travail ?) et au lieu de vous y engager définitivement, faites un essai sur six mois. En créant cet espace d'autonomie, vous permettrez à vos salariés de mettre en œuvre leurs idées et de transformer leurs temps morts en moments plus productifs. Qui sait si l'un d'eux n'inventera pas quelque chose d'aussi extraordinaire que le Post-it ?

Encouragez les récompenses spontanées entre collègues

Kimley-Horn and Associates, une société de génie civil de Raleigh, en Caroline du Nord, a mis en place un système de gratification tout à fait conforme aux caractéristiques du type I : à n'importe quel moment, sans devoir en demander la permission, tout salarié de la société peut se voir verser par n'importe quel collègue une prime de 50 dollars. « Cela fonctionne parce que c'est en temps réel, et parce que cela ne provient d'aucun échelon supérieur », déclare à *Fast Company* le directeur des ressources humaines. « Tout salarié qui fait quelque chose d'exceptionnel obtient une reconnaissance de ses pairs en l'espace de quelques minutes. » Ces primes n'étant pas conditionnelles, elles ne présentent pas les sept défauts fatals des carottes habituelles. Venant d'un collègue et non pas de la hiérarchie, elles prennent une autre signification (sans doute plus profonde). On pourrait même dire qu'elles sont motivantes.

Procédez à un audit d'autonomie

De quelle marge d'autonomie vos salariés disposent-ils vraiment ? Vous n'en savez probablement rien. Personne n'en sait rien. Il existe cependant un moyen de le savoir : procéder à un audit d'autonomie. Demandez à chacun des membres de votre département ou de votre service de répondre à chacune des quatre questions qui suivent par une évaluation numérique (comprise entre 0 et 10, 0 signifiant « pas du tout » et 10 signifiant « tout à fait »).

Êtes-vous autonome dans vos tâches, dans vos principales attributions et dans la façon dont vous occupez votre journée de travail ?

pas du tout | 0 | 1 | 2 | 3 | 4 | 5 | 6 | 7 | 8 | 9 | 10| tout à fait

Êtes-vous autonome dans votre emploi du temps, concernant vos heures d'arrivée et de départ et la façon dont vous occupez vos heures de travail ?

pas du tout | 0 | 1 | 2 | 3 | 4 | 5 | 6 | 7 | 8 | 9 | 10| tout à fait

Êtes-vous autonome par rapport à la composition de votre équipe au travail, c'est-à-dire dans le choix de vos collaborateurs ?

pas du tout | 0 | 1 | 2 | 3 | 4 | 5 | 6 | 7 | 8 | 9 | 10| tout à fait

Êtes-vous autonome dans votre technique, c'est-à-dire dans la façon dont vous assumez réellement vos principales responsabilités au travail ?

pas du tout | 0 | 1 | 2 | 3 | 4 | 5 | 6 | 7 | 8 | 9 | 10| tout à fait

Toutes les réponses doivent être anonymes. Rassemblez ensuite les résultats. Quelle est la moyenne ? Ce chiffre doit être compris entre 0 (pour une prison nord-coréenne) et 10 (pour Woodstock). Comparez ce chiffre aux perceptions de vos collaborateurs. Peut-être la moyenne n'est-elle que de 3,5 alors même que le patron pensait que chacun avait une grande marge de liberté ? Calculez aussi des résultats distincts pour les tâches, l'emploi du temps, le choix des collaborateurs et la technique. Une bonne moyenne globale peut parfois masquer un problème dans un domaine particulier. Une moyenne globale de 6,8, par exemple, n'est pas mauvaise. Cependant, si la moyenne est 2 pour chacune des questions 1, 3 et 4 mais seulement 0,5 pour la question 2, alors la question de l'emploi du temps est un point faible en matière d'autonomie dans votre structure.

Il est parfois édifiant de constater à quel point certains dirigeants peuvent ignorer ce que vivent leurs collaborateurs, mais il est tout aussi édifiant de voir comme souvent, ils veulent faire les choses différemment une fois qu'ils ont connaissance des données réelles. C'est là ce que peut permettre un audit d'autonomie. Enfin, si vous incluez dans votre audit une question ouverte permettant à vos collaborateurs de formuler leurs propres idées pour plus d'autonomie, peut-être même trouverez-vous des solutions remarquables.

Trois mesures pour céder le contrôle

Les dirigeants de type X adorent contrôler. Les dirigeants de type I cèdent le contrôle. Accorder aux gens la liberté dont ils ont besoin pour bien travailler est généralement une mesure sage, mais ce n'est pas toujours facile. Si vous ressentez le besoin d'exercer un contrôle, voici trois moyens de relâcher la pression, pour votre propre bien comme pour celui de vos collaborateurs :

1. Impliquez vos collaborateurs dans la détermination des objectifs. Vous préféreriez sans doute déterminer vous-même vos objectifs plutôt que vous les voir imposer. Pourquoi n'en serait-il pas de même de vos collaborateurs ? De nombreuses études montrent que les individus s'impliquent bien davantage dans une activité quand ils poursuivent des objectifs sur lesquels ils ont eu leur mot à dire. Impliquez donc vos collaborateurs, et peut-être vous surprendront-ils : les gens ont souvent des buts plus élevés que ceux qu'on leur assigne.

2. Utilisez un langage non contraignant. La prochaine fois que vous êtes sur le point d'employer les verbes « devoir » ou « falloir », tâchez de les remplacer par « réfléchir » ou « envisager ». Un petit changement dans le vocabulaire peut aider à favoriser l'implication plutôt que l'obéissance et même à dissuader certains de s'opposer. Réfléchissez-y. Ou du moins, envisagez-le. D'accord ?

3. Tenez une permanence. Il peut vous arriver de devoir convoquer quelqu'un pour le sermonner, mais il est parfois plus sage de le laisser venir à vous. Faites comme les professeurs, ménagez-vous une heure ou deux par semaine pour permettre à vos collaborateurs de venir vous voir pour discuter avec vous de ce qu'ils auront à l'esprit. Ce sera bénéfique pour eux, et instructif pour vous.

Quelle finalité ?

Voici un autre exercice pour combler l'écart entre la perception et la réalité. Rassemblez les membres de votre service, de votre département ou mieux, de votre entreprise. Distribuez à chacun de vos collaborateurs une carte blanche de 12 × 8 cm, puis demandez-leur d'y inscrire leur réponse en une phrase à la question suivante : « Quelle est la finalité de votre entreprise (ou organisation) ? » Ramassez les cartes et lisez-les à haute voix. Que vous apprennent ces réponses ? Sont-elles similaires, ou très différentes ? La plupart des organisations ont du mal à évaluer ce qui concerne leur culture d'entreprise et à homogénéiser les objectifs et les missions de leur personnel. Ce simple petit questionnement peut vous permettre de mieux percevoir l'âme de votre entreprise. Si les gens ne savent pas pour quoi ils travaillent, comment pourraient-ils être motivés ?

Utilisez le test de Reich

Robert B. Reich, ancien secrétaire d'État américain au Travail, a mis au point un outil de diagnostic subtil et simple (et gratuit) pour mesurer la santé d'une organisation. Quand il parle avec les salariés, il porte son attention sur les pronoms qu'ils utilisent. Quand ils parlent de leur entreprise, disent-ils plutôt « ils » et « eux », ou « nous » ? L'emploi des pronoms « ils » et « eux » indique un certain manque d'implication, voire une aliénation. L'emploi du pronom « nous » indique le contraire : que les salariés sentent qu'ils font partie d'une entité significative et porteuse de sens. Si vous êtes un dirigeant, consacrez quelques jours à bien écouter parler les gens qui vous entourent, non seulement dans des contextes formels comme les réunions mais aussi dans les couloirs et pendant les repas. Votre organisation est-elle de type « nous » ou de type « eux » ? La différence n'est pas anodine. Tout le monde veut de l'autonomie, de la maîtrise et de la finalité. Or, « nous » pouvons avoir cela, mais « eux » ne le peuvent pas.

Créez un site favorable à la motivation intrinsèque

Selon Clay Shirky, spécialiste de la communication sur Internet et auteur, les sites Internet et les forums électroniques qui remportent le plus grand succès sont ceux qui se rapprochent le plus du type I. Ils sont conçus – souvent de façon explicite – pour solliciter la motivation intrinsèque. Vous pouvez faire de même avec le site de votre entreprise en procédant comme suit :

– Créez un environnement qui donne aux gens l'envie de participer.

– Accordez de l'autonomie aux utilisateurs.

– Maintenez le système aussi ouvert que possible.

Enfin, ce qui compte dans l'univers virtuel compte tout autant dans l'univers réel. Demandez-vous dans quelle mesure l'environnement de votre lieu de travail favorise ou inhibe l'autonomie, la maîtrise et la finalité.

Sachez constituer une équipe équilibrée

Rares sont ceux qui n'ont jamais éprouvé la satisfaction d'accomplir une tâche ni trop facile ni trop difficile et le délicieux sentiment de *flow* qui l'accompagne. Cependant, il est parfois difficile de reproduire cette expérience quand on travaille en équipe. Les gens finissent souvent par faire le travail qu'ils ont toujours fait parce qu'ils ont montré qu'ils savaient le faire, et un petit nombre d'infortunés doivent se coltiner les tâches sans *flow* dont personne d'autre ne veut. Voici quelques astuces pour que votre équipe soit vraiment efficace :

– Commencez par constituer une équipe diversifiée. Suivez le conseil de Teresa Amabile, de Harvard : « Formez des groupes de travail de telle façon que les gens se stimulent mutuellement et apprennent les uns des autres, qu'il n'y ait pas d'homogénéité en termes d'éducation et de formation. Il faut des gens qui puissent réellement faire fleurir les idées des autres. »

– Faites de votre groupe une zone « hors compétition ». Dresser les collaborateurs les uns contre les autres en espérant susciter une compétition productive est rarement efficace, et cela compromet presque toujours la motivation intrinsèque. Privilégiez plutôt la collaboration et la coopération.

– Essayez de faire évoluer vos collaborateurs. Si un de vos collaborateurs se lasse de son travail actuel, voyez s'il ne pourrait pas former quelqu'un d'autre aux tâches qu'il maîtrise déjà. Ensuite, voyez s'il ne pourrait pas prendre en charge une partie de ce que faisait jusqu'ici quelqu'un de plus expérimenté.

– Motivez votre équipe avec de la finalité plutôt qu'avec des récompenses. Pour souder une équipe, rien ne vaut une mission partagée. Quand les membres d'une équipe œuvrent pour une cause commune, qu'il s'agisse de créer quelque chose, de faire mieux qu'un concurrent extérieur ou même de changer le monde, ils ont davantage de satisfaction et font un meilleur travail.

Au lieu d'une sortie d'entreprise, pourquoi pas des « FedEx Days » ?

Ah les sorties et soirées d'entreprise, les distractions parfois un peu forcées, les laïus d'encouragement, les démonstrations de danse pas toujours très heureuses…

Il est vrai que les sorties d'entreprise sont parfois un excellent moyen de redynamiser le personnel, de ressouder les équipes et de relancer les discussions sur des sujets importants. Cependant, si vos sorties ne sont pas très productives, pourquoi ne pas remplacer la prochaine par une expérience de vingt-quatre heures de liberté créative ? Planifiez une journée entière au cours de laquelle vos salariés pourront travailler sur ce qu'ils voudront, de la manière qui leur semblera bonne et avec qui ils voudront. Faites en sorte qu'ils disposent des outils et des ressources nécessaires, et ne leur imposez qu'une seule règle : ils devront produire quelque chose le lendemain. Ce pourra être un prototype, un produit, ou bien une nouvelle idée, par exemple un nouveau mode d'organisation interne. Les organisations de type I savent ce que les organisations de type X parviennent rarement à comprendre : un vrai défi est bien plus stimulant qu'un loisir contrôlé.

FAITES ABSTRACTION DE LA COMPENSATION : RÉMUNÉREZ LES GENS SELON LE TYPE I

Tout le monde a envie d'être bien payé. C'est mon cas, bien entendu. Je parie que c'est aussi le vôtre. Quand on envisage la motivation selon l'approche de type I, ce ne sont plus les négociations salariales ni la volonté de travailler qui priment. La question de la rémunération ne se pose plus de la même manière.

Avec Motivation 3.0, la meilleure façon d'envisager les questions d'argent consiste à en faire abstraction.

Plus la question du salaire, des primes et des avantages en nature occupe une place importante dans votre vie professionnelle, plus elle risque d'inhiber votre créativité et de faire obstacle à votre performance. Comme l'explique Edward Deci (voir chapitre 4), quand les organisations se servent de récompenses comme la rémunération financière pour motiver leur personnel, « c'est là qu'elles sont le plus démotivantes ». La meilleure méthode consiste à bien calibrer les compensations, puis à ne plus y revenir. Une organisation performante offre à ses salariés des compensations qui, par leur importance comme par leur forme, leur permettent de ne plus y penser et de se préoccuper plutôt de leur travail. Je vous propose donc trois techniques essentielles.

1. Veillez à l'équité interne et externe

Dans toute forme de compensation, le plus important est qu'elle soit équitable. En l'occurrence, l'équité s'apprécie selon deux modalités : en interne et en externe. Être équitable en interne, c'est rémunérer un salarié proportionnellement à la rémunération de ses collègues. Être équitable en externe, c'est rémunérer un salarié de la même manière que ceux qui exercent des fonctions similaires dans des organisations similaires.

Examinons chacune de ces deux modalités. Supposons que votre bureau et celui de Fred soient contigus, et supposons que vous ayez tous les deux des responsabilités équivalentes et une expérience comparable. Si Fred gagne beaucoup plus que vous, cela ne peut que vous irriter. Une situation aussi inégale ne peut que vous démotiver. Supposons maintenant que vous soyez tous les deux auditeurs dans un des plus grands cabinets d'audit du monde, avec dix ans d'expérience. Si vous vous apercevez que d'autres auditeurs ayant une expérience équivalente et travaillant dans d'autres grands cabinets gagnent le double de ce que vous gagnez, cela portera un sérieux coup à votre motivation. Votre employeur n'aura pas respecté la règle de l'équité externe. Une remarque importante s'impose : rémunérer les salariés selon l'éthique du type I ne signifie pas verser à tout le monde le même salaire. Si Fred a davantage de responsabilités que vous ou si sa contribution est plus importante, il mérite une compensation plus grande. Enfin, plusieurs études ont montré que pour la plupart des gens, ce principe ne pose pas de problème, précisément parce que c'est équitable.

L'équité interne et externe n'est pas elle-même un motivateur, mais c'est le moyen d'éviter que le problème de la rémunération ne revienne sur la table et devienne un *dé*-motivateur.

2. *Payez plus que la moyenne*

Si vous avez défini une politique de rémunération et de récompense adéquate et si vous respectez l'équité interne et externe, vous pouvez aussi appliquer une méthode définie par un prix Nobel. Au milieu des années 1980, George Akerlof (qui devait obtenir par la suite le prix Nobel d'économie) et sa femme Janet Yellen, aussi économiste, se sont aperçus que certaines grandes sociétés surpayaient leurs salariés. Au lieu de leur verser un salaire déterminé par l'offre et la demande, elles leur accordaient un peu plus. Or, ces employeurs n'étaient ni désintéressés ni stupides. Ils étaient astucieux. Payer des gens valables davantage que ce qu'exigeait le marché permettait d'attirer les meilleurs talents, de réduire le turnover, de stimuler la productivité et d'entretenir un meilleur moral chez le personnel.

Payer davantage ses salariés peut même être un moyen de *réduire* les coûts. Cela peut en effet être une belle façon d'éviter les récompenses conditionnelles, de mettre fin aux problèmes d'équité externe et de régler la question des rémunérations. C'est un autre moyen de permettre aux gens de ne plus se soucier que du travail. D'autres économistes ont même montré qu'une rémunération élevée favorisait la performance et l'implication des salariés dans l'organisation davantage qu'un système de primes attractif.

Bien sûr, en raison de la nature même de cette méthode, une rémunération supérieure à la moyenne n'est viable que pour la moitié environ de la population active. Dépêchez-vous donc avant que vos concurrents ne fassent de même.

3. Si vous évaluez la performance, utilisez des critères larges, pertinents et avec lesquels il est difficile de tricher

Imaginons que vous soyez chef de produit et que votre rémunération dépende en grande partie d'un objectif de ventes que vous devez atteindre sur le prochain trimestre. Si vous savez vous y prendre, ou si vous avez une famille à nourrir, vous allez vous démener pour y parvenir. Vous ne vous soucierez sans doute pas beaucoup du trimestre suivant, ni de la santé de l'entreprise, ni de savoir si elle investit suffisamment dans la recherche-développement. Si vous êtes inquiet, vous rognerez sur les coûts pour atteindre vos objectifs trimestriels.

Imaginons à présent que votre rémunération dépende des facteurs suivants : vos ventes sur le prochain trimestre, vos ventes sur l'année en cours, les profits de l'entreprise au cours des deux années à venir, la satisfaction des clients, les idées de nouveaux produits et les évaluations faites sur vous par vos collègues. Vous vous efforcerez sans doute de vendre votre produit, de servir vos clients, d'aider vos coéquipiers, et plus généralement, de faire du bon travail. Quand il y a plusieurs critères, il est plus difficile de tricher.

Par ailleurs, il ne faut pas que l'avantage à satisfaire ces critères soit trop grand. Quand atteindre les objectifs n'est que modestement récompensé, les gens sont moins tentés de se focaliser dessus ou d'opter pour des méthodes douteuses.

Naturellement, le bon équilibre entre les différents critères d'appréciation est difficile à trouver et il varie considérablement d'une entreprise à une autre. En outre, il est inévitable que certains trouvent un moyen de tricher même avec le système le plus soigneusement réglé. Cependant, l'utilisation de diverses mesures reflétant les différents aspects du travail peut souvent permettre de passer des récompenses conditionnelles contre-productives aux récompenses après coup, moins pernicieuses.

APPLIQUEZ LE TYPE I AVEC VOS ENFANTS : NEUF IDÉES POUR LES MOTIVER AUTREMENT

Au départ, tous les enfants sont curieux et se comportent selon les règles du type I, mais un grand nombre finissent par migrer vers le type X. Que se passe-t-il ? Le problème pourrait bien venir de nous autres adultes et de notre façon de faire et de gérer leur éducation. Si nous voulons les préparer à ce nouveau monde du travail (régi par Motivation 3.0), et plus important, si nous voulons qu'ils aient une vie épanouie, nous devons mettre fin à la mainmise de Motivation 2.0 sur l'école et sur l'éducation.

Malheureusement, comme dans le monde des entreprises, il existe un décalage entre ce que la science nous apprend et ce que l'école pratique. Les spécialistes savent (et vous aussi, si vous avez lu le chapitre 2) que si l'on promet à un jeune enfant une petite récompense symbolique en échange d'un dessin, il fera ce dessin mais ensuite, il n'aura plus envie de dessiner. Malgré cela, et alors même que l'économie mondiale exige toujours plus de facultés conceptuelles, créatives et d'innovation, trop d'écoles évoluent dans le mauvais sens. On met toujours plus l'accent sur les tâches répétitives, sur les bonnes réponses et sur la normalisation. Quant aux parents, ils prodiguent les récompenses conditionnelles : un bonbon si l'enfant lit un livre, un baladeur numérique s'il obtient une bonne note, de l'argent de poche s'il range sa chambre. Au lieu d'inciter nos enfants à s'impliquer, nous les corrompons pour qu'ils nous obéissent.

Nous pouvons mieux faire, et nous devons mieux faire. Si nous voulons des enfants de type I, à l'école comme à la maison, nous devons les aider à prendre le chemin de l'autonomie, de la maîtrise et de la finalité. Voici neuf manières de commencer le voyage.

Posez-vous les bonnes questions au sujet des devoirs scolaires

Les devoirs aident-ils les enfants à apprendre, ou est-ce simplement un vol de leur temps libre au nom d'une conception erronée de la rigueur ? Professeurs, avant de leur infliger encore un travail à faire à la maison, répondez d'abord aux trois questions suivantes :

— Est-ce que les enfants seront autonomes dans la manière de faire ce travail et pourront choisir le moment qu'ils veulent pour le faire ?

— Est-ce que ce devoir favorise la maîtrise grâce à une tâche nouvelle et stimulante (plutôt que la reformulation d'un sujet déjà traité en classe) ?

– Est-ce que les enfants comprennent la finalité de ce devoir ? Peuvent-ils voir en quoi cette activité supplémentaire contribuera à l'entreprise plus globale dans laquelle la classe est engagée ?

Si la réponse à une seule de ces trois questions est négative, avez-vous la possibilité de reformuler ce devoir ? Quant à vous, parents, examinez-vous assez souvent les devoirs donnés à vos enfants, pour voir s'ils nécessitent uniquement de l'obéissance ou plutôt de l'implication ? Ne leur faisons pas gaspiller leur temps avec des exercices insensés. Grâce à un peu de réflexion et quelques efforts, nous devrions pouvoir transformer les devoirs en enrichissement.

Organisez une journée « FedEx »

Au chapitre 5, nous avons vu que la société éditrice de logiciels Atlassian cultivait l'autonomie en proposant à ses salariés de consacrer un jour par trimestre à travailler sur un projet de leur choix, selon leur propre méthode et avec les collaborateurs qu'ils veulent. Pourquoi ne pas essayer cette méthode avec vos élèves (ou avec vos enfants) ? Réservez pour cela une journée entière dans leur emploi du temps (ou un jour de repos) et demandez-leur de proposer un problème à résoudre ou un projet à réaliser. Aidez-les à rassembler à l'avance les outils, l'information et le matériel dont ils pourraient avoir besoin. Ensuite, à eux de s'y attaquer. Le lendemain matin, demandez-leur de rendre compte à la classe entière (ou à la famille) de leurs découvertes et de leurs expériences. Ce sont les enfants eux-mêmes qui trouvent le projet, et la récompense finale est la possibilité de partager ce qu'ils ont créé et ce qu'ils ont appris.

Essayez l'auto-évaluation

Trop de collégiens et de lycéens n'ont plus qu'une idée en tête quand ils pensent à ce qu'ils étudient : obtenir de bonnes notes. Or, bien trop souvent, le meilleur moyen d'atteindre cet objectif est d'assimiler le programme, d'éviter les risques et de fournir les réponses que le professeur attend, sous la forme qu'il attend. Les bonnes notes deviennent alors la récompense de l'obéissance, mais elles n'ont plus grand-chose à voir avec l'apprentissage. Quant aux élèves dont les notes ne sont pas assez bonnes, ils ne se sentent pas à la hauteur et ils renoncent à essayer d'apprendre.

Le type I implique une approche différente. Le carnet de notes n'est pas une récompense mais un moyen d'apporter aux élèves une information utile sur la façon dont ils progressent. Toutefois, les élèves de type I savent que s'évaluer soi-même est une bien meilleure méthode.

À votre tour, essayez l'auto-évaluation. Au début d'un semestre, demandez à vos élèves de dresser la liste de leurs principaux objectifs d'apprentissage. À la fin du semestre, demandez-leur de créer leur propre carnet de notes et de résumer leurs progrès en un ou deux paragraphes. Qu'ont-ils réussi ? Quelles difficultés ont-ils rencontrées ? De quoi ont-ils encore besoin pour pouvoir progresser dans leur apprentissage ? Une fois qu'ils auront inscrit leur propre évaluation, comparez avec la vôtre. Cette comparaison servira de point de départ à une discussion sur leurs progrès vers la maîtrise. Il peut être bon également de faire participer les enfants aux rencontres entre parents et professeurs. Parents, si le professeur n'adopte pas ce système d'auto-évaluation, essayez-le vous-même à la maison. C'est encore un bon moyen d'éviter que l'école change le paramétrage par défaut de vos enfants et les fasse passer du type I au type X.

Donnez de l'argent de poche à vos enfants
et impliquez-les dans les tâches ménagères,
mais sans mélanger les deux

L'argent de poche est une bonne chose : quand vos enfants ont un peu d'argent et peuvent décider eux-mêmes ce qu'ils vont en faire, ils apprennent l'autonomie et ils commencent à gérer leur argent de façon responsable.

Les tâches ménagères sont aussi une bonne chose pour les enfants : ils apprennent ainsi qu'il existe des obligations dans une famille et que l'on doit s'entraider.

Cependant, associer l'argent de poche aux tâches ménagères n'est pas une bonne idée. En effet, l'argent de poche devient alors une récompense conditionnelle, et le message que l'on transmet ainsi clairement (et à tort) aux enfants, c'est qu'en l'absence de rémunération, il n'y a pas de raison de mettre la table, de vider la poubelle ni de faire son lit. C'est transformer une obligation morale et familiale en transaction commerciale, et apprendre aux enfants que recevoir une somme d'argent est la seule raison que l'on puisse avoir dans une famille de s'acquitter d'une corvée. Dans une telle situation, l'association de deux éléments positifs donne un résultat négatif. Ne mélangez pas l'argent de poche et les tâches ménagères. C'est en respectant cette règle que vous pourrez espérer que vos enfants contribuent à maintenir l'ordre dans la maison. Mieux encore, ils commenceront à apprendre la différence entre les principes et les récompenses.

Complimentez, mais à bon escient

Les compliments sont à la fois une information importante et un encouragement. Cependant, formulés à mauvais escient, les compliments peuvent aussi devenir une récompense conditionnelle préjudiciable à la créativité et à la motivation intrinsèque.

Les travaux remarquables de Carol Dweck et d'autres psychologues nous indiquent les règles à suivre pour complimenter les enfants de manière à promouvoir un comportement de type I :

– Complimentez l'effort et la méthode, et non l'intelligence. Comme les travaux de Carol Dweck l'ont montré, quand les enfants sont complimentés pour leur intelligence, ils ont tendance à croire qu'ils doivent toujours se montrer à la hauteur et au lieu d'affronter de nouveaux défis, ils préfèrent la voie de la facilité. Les enfants qui comprennent que ce sont l'effort et la persévérance qui conduisent à la maîtrise sont plus disposés à entreprendre des tâches nouvelles et difficiles.

– Complimentez de façon spécifique. Parents comme enseignants doivent donner aux enfants des informations utiles sur leurs progrès. Plutôt que de noyer les enfants dans des généralités, dites-leur précisément pourquoi ce qu'ils ont fait mérite d'être remarqué.

– Complimentez en privé. Les compliments sont une information utile, ce n'est pas une cérémonie de remise de prix. C'est pourquoi le mieux est souvent de les formuler en privé.

– Ne complimentez que lorsque vous avez une bonne raison de le faire. Un enfant est parfaitement capable de se rendre compte si un compliment est simulé. Complimentez sincèrement ou ne complimentez pas. Si vous êtes trop prodigue en compliments, les enfants penseront que vous trichez et que ce n'est pas mérité. En outre, les compliments excessifs deviennent une forme de récompense conditionnelle, si bien que l'objectif n'est plus d'atteindre la maîtrise mais de recevoir des compliments.

Aidez les enfants à avoir une vue d'ensemble

Dans les systèmes d'éducation qui privilégient les tests normalisés, la notation et les récompenses conditionnelles, les élèves ignorent pour quelle raison ils sont là. Aidez-les à avoir une vue d'ensemble. Quoi qu'ils étudient, faites en sorte qu'ils soient en mesure de répondre aux questions suivantes : *Pourquoi me fait-on apprendre cela ? Quelle en est la pertinence par rapport au monde dans lequel je vis ?* Ensuite, offrez-leur un exemple d'application de ce qu'ils étudient. S'ils apprennent l'espagnol, par exemple, emmenez-les dans une entreprise, un magasin ou un centre de loisirs dans lequel ils auront réellement l'occasion de parler cette langue. S'ils apprennent la géométrie, faites-les dessiner des plans d'architecture, en plus de ce qu'ils font déjà à l'école ou à la maison. Pour l'histoire, demandez-leur d'appliquer ce qu'ils ont appris à un événement actuel. Il s'agit de lire, écrire, calculer... et appliquer.

Cinq écoles de type I

Bien que la plupart des écoles dans le monde fonctionnent encore avec le système d'exploitation Motivation 2.0, un certain nombre d'éducateurs ont compris depuis longtemps que les jeunes débordent de motivation du troisième type. Voici cinq écoles américaines de type I dont on pourrait s'inspirer.

Big Picture Learning

Depuis 1996, avec l'ouverture de son lycée public pilote, le Met, à Providence, Rhode Island, Big Picture Learning crée des lieux où l'on cultive l'implication plutôt que d'exiger l'obéissance. Fondé par deux vétérans de l'innovation en matière éducative, Dennis Littky et Elliot Washor, Big Picture est un organisme à but non lucratif qui compte aujourd'hui plus de soixante établissements d'enseignement aux États-Unis dans lesquels on incite l'élève à assumer la responsabilité de sa propre éducation. Chez Big Picture, les jeunes apprennent l'essentiel, mais ils se servent aussi de cet essentiel pour acquérir d'autres connaissances grâce à un travail réel au sein de la collectivité : tout cela, sous la supervision d'un tuteur adulte expérimenté. Enfin, plutôt que d'utiliser le système d'évaluation imparfait de Motivation 2.0, on évalue les élèves comme s'il s'agissait d'adultes : sur leur travail, sur la qualité de leurs prestations, sur leurs efforts et sur leur attitude. Au Met et ailleurs, la plupart des élèves sont des sujets « à risque » issus de minorités ou d'un milieu défavorisé et pour lesquels le système scolaire classique ne convenait pas. Cependant, grâce à cette approche innovante de type I, plus de 95 % d'entre eux obtiennent leur diplôme et entrent à l'université. Pour ne rien vous cacher, je fais partie, à titre bénévole, du conseil de direction de Big Picture depuis 2007.

Sudbury Valley School

Intéressez-vous un instant à cette école indépendante située à Framingham, dans le Massachusetts, pour voir ce qui se produit quand de jeunes enfants bénéficient d'une réelle autonomie. Partant du principe que tout être humain est naturellement curieux et que la meilleure façon d'apprendre consiste à être initié et supervisé par celui qui vous apprend, Sudbury Valley School accorde à ses élèves un contrôle total de leurs travaux, de leur temps et des techniques d'apprentissage. Les enseignants et leurs assistants sont là pour les aider à produire quelque chose. Dans cette école, l'implication est la règle et l'obéissance n'est pas de mise.

The Tinkerink School

C'est plus un laboratoire qu'une école. Ce programme d'été, conçu par l'ingénieur en informatique Gever Tulley, consiste à permettre à des enfants de 7 à 17 ans de jouer avec des accessoires intéressants et de créer des choses amusantes. Au siège, à Montara, en Californie, les élèves de Tulley ont construit des tyroliennes, des motos, des « robots brosses à dents », des montagnes russes et des ponts faits de sacs en plastique assez solides pour supporter des personnes. Pour la plupart d'entre nous, nous ne pouvons pas envoyer nos enfants bricoler pendant une semaine en Californie, mais nous pouvons tous apprendre les « Cinq activités dangereuses pour les enfants ». Prenez donc dix minutes pour regarder cette vidéo en ligne (il suffit de taper le titre de la vidéo sur Google et vous trouvez la version sous-titrée en français). Ensuite, confiez à vos enfants un couteau suisse, de l'outillage électrique et des allumettes, puis prenez le large.

Puget Sound Community School

À l'instar de Sudbury et de Big Picture, cette toute petite école indépendante de Seattle, dans l'État du Washington, laisse à ses élèves une bonne dose d'autonomie. On est loin de l'approche habituelle standardisée. Chaque élève a un conseiller, qui joue le rôle d'un coach et qui l'aide à déterminer ses propres objectifs d'apprentissage. Il s'agit ici d'un mélange de cours, de projets d'étude indépendants et de services à la collectivité imaginés par les élèves. Sachant que ces derniers sont souvent ailleurs que dans les locaux de leur école, ils sont bien placés pour se rendre compte que c'est dans le monde réel que l'on apprend. Enfin, plutôt que de courir après les bonnes notes, les élèves reçoivent de fréquents retours informels de leurs conseillers, de leurs professeurs et de leurs camarades.

Les écoles Montessori

C'est au début du XXᵉ siècle que Maria Montessori a mis au point sa propre méthode d'enseignement, après avoir observé la curiosité naturelle des enfants et leur désir inné d'apprendre. Elle avait très tôt compris le troisième type de motivation et sa méthode s'est répandue à travers un réseau mondial d'écoles, principalement des maternelles et des écoles primaires. Les principes essentiels de la méthode Montessori sont en grande partie ceux de Motivation 3.0, à savoir que les enfants s'impliquent naturellement dans un apprentissage auto-dirigé et dans une étude indépendante, que les enseignants doivent jouer un rôle d'observateurs et aider cet apprentissage plutôt que de faire cours et de donner des ordres, et que les enfants sont naturellement portés à se concentrer intensément pendant un temps donné et à atteindre un état de *flow* que les adultes doivent éviter autant que possible d'interrompre. Les écoles Montessori n'assurent généralement pas l'enseignement secondaire mais toute école, tout enseignant et tout parent peut apprendre de cette méthode éprouvée. Profitez de votre découverte de la méthode Montessori pour vous intéresser en même temps à deux autres méthodes d'enseignement qui favorisent aussi le comportement de type I : les écoles de Reggio Emilia et les écoles Waldorf.

Faites l'école buissonnière

Aux États-Unis, le mouvement pour une éducation scolaire à la maison progresse remarquablement depuis une vingtaine d'années. Là où cette progression est la plus rapide, c'est du côté des familles qui renoncent au programme scolaire formel et préfèrent voir leurs enfants explorer et apprendre ce qui les intéresse. Ce mouvement alternatif a été parmi les premiers à adopter une vision de l'éducation de type I. Pour promouvoir l'autonomie, on laisse les enfants décider eux-mêmes ce qu'ils veulent apprendre et de quelle façon ils veulent l'apprendre. Afin d'encourager l'accès à la maîtrise, on leur permet d'y consacrer autant de temps qu'ils le désirent et d'approfondir autant qu'ils le souhaitent les sujets qui les attirent. Même si ce système n'est pas pour vous ni pour vos enfants, vous pouvez apprendre quelque chose d'intéressant de ce genre d'innovation en matière éducative.

Transformez les élèves en professeurs

Un très bon moyen de savoir si vous maîtrisez une matière ou une technique est de l'enseigner. Offrez cette possibilité à vos élèves. Confiez à chacun d'eux un sujet différent ou un aspect différent du sujet en cours, et faites qu'ils enseignent eux-mêmes à leurs camarades de classe ce qu'ils ont appris. Une fois qu'ils auront fait leurs preuves, donnez-leur la possibilité de parler devant un public élargi en invitant les autres classes, les autres enseignants, les parents ou le personnel de l'école à les écouter.

Au début de l'année scolaire, demandez aussi à vos élèves quelles sont leurs passions et quels sont les domaines dans lesquels ils ont des connaissances particulières. Faites une liste pour pouvoir ensuite les inviter à faire profiter leurs camarades de leurs connaissances ou de leur expérience. Des élèves pédagogues, ce sont des élèves qui apprennent beaucoup.

LA BIBLIOGRAPHIE DU TYPE I :
QUINZE LIVRES ESSENTIELS

L'autonomie, la maîtrise et la finalité font partie intégrante de la condition humaine. Il n'est donc pas surprenant qu'un certain nombre de psychologues, de journalistes et d'écrivains aient étudié ces trois éléments et évalué leur importance dans notre vie. La bibliographie qui suit, classée par ordre alphabétique des noms des auteurs, n'est pas exhaustive, mais elle constitue un bon point de départ pour quiconque désire vivre selon les principes du type I.

Livres parus en français

Jeux finis, jeux infinis : Le pari métaphysique du joueur, CARSE, James P. (Seuil, 1988)

Dans ce petit livre subtil, James Carse, mathématicien et théologien, décrit deux types de jeux. Dans un « jeu fini », il y a un gagnant, une fin et le but est de gagner. Dans un « jeu infini », il n'y a ni gagnant ni fin et le but est de continuer à jouer. Selon Carse, les jeux sans gagnant sont bien plus gratifiants que les jeux auxquels nous sommes habitués à jouer dans notre vie sociale et professionnelle, et dans lesquels il y a toujours un gagnant et un perdant.

Idée de type I : « Les joueurs "finis" jouent dans des limites ; les joueurs "infinis", eux, jouent avec les limites. »

*Ne surestimons pas le talent : manageons plutôt
nos équipes !*, COLVIN, Geoff (Village mondial, 2010)

Quelle différence y a-t-il entre celui qui est bon dans
ce qu'il fait et celui qui est un maître ? Colvin, qui fait
partie de l'équipe du magazine *Fortune*, nous explique
que ce n'est pas une question de don mais de pratique.
Il ne s'agit cependant pas de n'importe quelle pratique :
le secret est dans la « pratique délibérée », un travail qui
est très répétitif, mentalement éprouvant et souvent peu
agréable mais qui porte indéniablement ses fruits.

Idée de type I : « Si vous vous fixez comme but de
devenir un spécialiste dans votre métier, vous devez tout
de suite commencer à faire toutes sortes de choses que
vous ne faisiez pas jusqu'à présent. »

Vivre : la psychologie du bonheur, CSIKSZENTMIHALYI,
Mihaly (Robert Laffont, 2004)

Pour travailler dur à quelque chose que vous aimez,
difficile de trouver meilleur guide que ce livre sur les
« expériences optimales » qui est devenu un classique. Ce
livre traite des moments exaltants dans lesquels nous
éprouvons la sensation de contrôler ce qui se passe, de
baigner dans le sens et d'être au meilleur de notre forme.
Il révèle la manière dont certains ont su transformer
même les tâches les plus désagréables en défis stimulants
et valorisants.

Idée de type I : « Contrairement à ce que croient bien
des gens, [...] les meilleurs moments de la vie n'arrivent
pas lorsque la personne est passive ou au repos (même si
le repos peut être fort agréable après l'effort). Ces grands
moments surviennent quand le corps ou l'esprit sont utilisés jusqu'à leurs limites dans un effort volontaire pour
réaliser quelque chose de difficile et d'important. »

Pour plus d'information sur les idées de Csikszentmihalyi, consultez deux de ses autres livres : *Mieux vivre en*

maîtrisant votre énergie psychique, et ce classique qu'est *La Créativité : psychologie de la découverte et de l'invention.*

Changer d'état d'esprit : une nouvelle psychologie de la réussite, DWECK, Carol (Mardaga, 2010)

Carol Dweck, professeur à Stanford, résume plusieurs décennies de recherches par deux idées simples. Selon elle, les gens peuvent avoir deux états d'esprit différents. Ceux qui ont « un état d'esprit fixe » pensent que leurs talents et leurs capacités sont ce qu'ils sont, tandis que ceux qui ont « un état d'esprit de développement » pensent que leurs talents et leurs capacités peuvent être développés. Pour les premiers, toute rencontre est un test de leur propre valeur, tandis que pour les derniers, toute rencontre est une opportunité de progresser. L'auteur nous incite à opter pour le développement.

Idée de type I : Carol Dweck propose une méthode concrète pour passer d'un état d'esprit fixe à un état d'esprit de développement.

– Apprendre à envisager d'autres options.
– Considérer les difficultés non comme des barrages mais comme des opportunités de se dépasser.
– Employer le langage du développement, par exemple : « Je ne suis pas sûr de pouvoir le faire maintenant, mais je pense qu'avec un peu de temps et d'efforts, je dois pouvoir apprendre. »

Open Space, FERRIS, Joshua (Denoël, 2007 ; J'ai Lu, 2012)

Ce roman empreint d'humour noir met en garde contre les conséquences d'un travail dans un milieu professionnel de type X. Dans une agence de publicité, à Chicago, les salariés passent davantage de temps à se goinfrer de beignets gratuits et à voler des chaises de bureau qu'à travailler vraiment, tout en craignant de se faire mettre à la porte.

Idée de type I : « Ils nous avaient privés de nos fleurs, de nos journées d'été et de nos primes, les salaires et l'embauche étaient gelés et les gens se faisaient jeter comme autant de pantins désarticulés. Nous avions encore une chose pour nous : la perspective d'une promotion. Un nouveau titre : certes, il n'y avait pas d'argent à la clé, le pouvoir était presque toujours illusoire, les récompenses un stratagème bon marché concocté par la direction pour nous dissuader de nous mutiner, mais quand le bruit a couru que l'un d'entre nous était monté dans la hiérarchie des sigles, cette personne était simplement un peu plus tranquille ce jour-là, elle prenait plus de temps que d'habitude pour déjeuner, revenait avec des sacs de courses, passait son après-midi à murmurer au téléphone et partait quand elle voulait le soir, pendant que les autres s'échangeaient des e-mails sur des sujets aussi nobles que l'Injustice et l'Incertitude. »

Tous Winners, GLADWELL, Malcolm (Flammarion, coll. Champs, 2014)

À l'aide d'une série d'histoires irrésistibles et narrées avec talent, Gladwell met adroitement à l'épreuve l'idée du « self-made-man ». Selon lui, le succès est une affaire plus compliquée. Les champions, des jeunes joueurs de hockey canadiens aux Beatles en passant par Bill Gates, doivent souvent leur réussite à un ensemble d'avantages culturels, temporels, démographiques et liés à la chance qui leur ont permis de devenir des maîtres dans leur domaine. La lecture de ce livre vous permettra de réévaluer votre propre cheminement. Plus important, elle vous conduira à vous demander quel potentiel vous gaspillez quand tant de gens se voient refuser ces avantages.

Idée de type I : « Ce n'est pas la quantité d'argent que nous gagnons qui nous rend finalement heureux entre

9 heures et 17 heures. C'est ce que notre travail nous apporte. Si je vous donnais le choix entre travailler comme architecte pour 75 000 dollars par an et travailler tous les jours dans un poste de péage pendant le restant de vos jours pour 100 000 dollars par an, que choisiriez-vous ? Je parie que vous feriez le premier choix, pour la complexité, l'autonomie et le lien entre effort et récompense qu'offre un travail créatif, et pour la plupart d'entre nous, c'est plus précieux que l'argent. »

Abraham Lincoln : l'homme qui rêva l'Amérique, KEARNS GOODWIN, Doris (Michel Lafon, 2013)

Dans ce livre, Doris Goodwin présente Abraham Lincoln comme l'exemple d'un comportement de type I. Il avait travaillé assidûment à atteindre la maîtrise dans la politique et le droit, il donnait du pouvoir et de l'autonomie à ses rivaux les plus acharnés, et il avait développé une façon de diriger en se fixant des objectifs élevés : abolir l'esclavage et sauvegarder l'union.

Idée de type I : Doris Goodwin met en évidence les qualités de meneur de type I de Lincoln, en particulier :

— Il était assez sûr de lui pour s'entourer de rivaux qui excellaient là où lui-même n'avait pas beaucoup de compétence.

— Il savait être véritablement attentif au point de vue d'autrui et cela lui permettait de se faire une opinion plus complexe de la situation.

— Il savait rendre à chacun ce qui lui était dû et il ne craignait pas d'assumer ses torts.

La Guerre de l'art : libérez votre créativité et exprimez votre talent, PRESSFIELD, Steven (Gué d'Hossus, 2010)

Ce livre est à la fois une sage réflexion sur les obstacles qui jalonnent le chemin de la liberté créative et le plan d'une bataille spirituelle pour triompher de la résistance que nous rencontrons chaque fois que nous voulons faire quelque chose d'important. Si vous cherchez un rapide soutien dans votre recherche de la maîtrise, vous ne pouvez pas mieux tomber.

Idée de type I : « Il se peut que le genre humain ne soit pas prêt pour la liberté. L'air de la liberté est peut-être trop rare pour que nous le respirions. Je n'écrirais certainement pas ce livre, sur ce sujet, si vivre libre était facile. Le paradoxe semble être, comme Socrate l'a montré il y a longtemps, que l'individu vraiment libre n'est libre que dans la mesure de sa propre maîtrise de lui-même. Tandis que ceux qui ne se gouvernent pas eux-mêmes sont condamnés à trouver des maîtres pour les gouverner. »

À contre-courant : vivre l'entreprise la plus extraordinaire au monde, SEMLER, Ricardo (Dunod, 1999)

Si beaucoup de patrons sont des maniaques du contrôle, Semler est peut-être le premier maniaque de l'autonomie. En prenant une série de mesures radicales, il a transformé Semco, une entreprise industrielle brésilienne. Il a congédié la plupart des directeurs, il a supprimé les intitulés de postes, il a laissé les 3 000 salariés fixer leurs propres horaires, il leur a octroyé à tous un droit de vote pour participer aux grandes décisions et il a même permis à certains salariés de fixer eux-mêmes leur salaire. Résultat, sous la (non-) direction de Semler, Semco a connu une croissance annuelle de 20 % au cours des vingt dernières années. Ce livre, comme un autre ouvrage plus récent de Semler intitulé *The Seven-Day Weekend*, explique comment appliquer cette méthode aussi efficace qu'iconoclaste.

Idée de type I : « Je veux que tout le monde chez Semco soit autonome. Ma société est organisée – en fait, ce n'est peut-être pas exactement le mot qui convient –

pour ne pas trop dépendre d'un individu, et surtout pas de moi. C'est pour moi une fierté qu'à mon retour d'un long voyage, mon bureau ait été déplacé (et à chaque fois, dans une pièce plus petite). »

La Cinquième Discipline : l'art et la manière des organisations qui apprennent, SENGE, Peter M. (First, 1991)

Ce livre de management devenu un classique permet de découvrir ce que sont les « learning organizations » (où la création, l'acquisition et le transfert des connaissances priment). La pensée autonome et le partage d'une vision de l'avenir y sont non seulement encouragés, mais considérés comme vitaux pour la santé de l'organisation. C'est une aide subtile à l'organisation pour favoriser un comportement de type I.

Idée de type I : « Les gens qui possèdent un haut niveau de maîtrise de soi sont toujours capables de parvenir aux résultats qui leur importent vraiment : en fait, ils envisagent leur vie comme un artiste envisagerait une œuvre d'art. Ils le font en s'impliquant dans leur propre apprentissage continu. »

Livres en anglais

Why We Do What We Do : Understanding Self-Motivation, DECI, Edward L., avec la collaboration de FLASTE, Richard (Penguin, 1997)

En 1995, Edward Deci a rédigé un bref ouvrage pour présenter ses théories remarquables à un large public. Dans un langage clair, il y traite des limites d'une société fondée sur le contrôle, explique les origines de ses expériences de pionnier et montre comment promouvoir l'autonomie dans les différents domaines de notre vie.

Idée de type I : « Les questions que tant de gens se posent, à savoir comment motiver les gens à apprendre, à travailler, à effectuer leurs tâches ou à prendre leurs médicaments ne sont pas les bonnes. Ce ne sont pas de bonnes questions car elles supposent que la motivation serait une chose que les gens reçoivent plutôt qu'une chose que les gens font. »

Good Work : When Excellence and Ethics Meet, GARDNER, Howard, CSIKSZENTMIHALYI, Mihaly et DAMON, William (Business & Economics, 2002)

Comment faire du « bon travail » au milieu des forces implacables du marché et d'une technologie toujours plus rapide ? En réfléchissant à trois questions essentielles : votre *mission* dans votre vie professionnelle, ses *normes* ou « bonnes pratiques » et votre propre *identité*. Bien que ce livre privilégie les exemples tirés des domaines de la génétique et du journalisme, les idées qu'on y trouve peuvent s'appliquer à un certain nombre des métiers qui sont affectés par l'évolution de la société. Sur leur site Internet, www.goodwork.org, les auteurs ont aussi poursuivi leurs efforts pour identifier les personnes et les institutions pouvant servir d'exemple.

Idée de type I : « Que faites-vous si en vous réveillant un matin, vous n'avez plus aucune envie d'aller travailler parce que la routine quotidienne ne vous satisfait plus ? »

– Créez des associations ou des forums dans votre secteur ou à l'extérieur pour étendre votre sphère d'influence.

– Travaillez avec les organisations existantes à confirmer les valeurs de votre profession ou à développer de nouvelles règles d'action.

– Prenez parti. Ce n'est certes pas toujours sans risque, mais vous pouvez quitter un emploi pour des raisons d'éthique sans pour autant renoncer à vos objectifs professionnels.

The Amateurs : The Story of Four Young Men and Their Quest for an Olympic Gold Medal, HALBERSTAM, David (Ballantine Books, 1996)

Qu'est-ce qui pourrait pousser un groupe d'hommes à supporter une douleur et un épuisement indicibles en pratiquant un sport sans perspectives de compensation financière ni de gloire ? Telle est la question que s'est posée Halberstam dans ce livre qui raconte les épreuves de championnat d'aviron aux États-Unis en 1984 et apporte un éclairage sur la motivation intrinsèque.

Idée de type I : « Ces athlètes n'ont pas eu d'avion ni de car pour les emmener à Princeton. Ils n'ont pas eu de manager pour transférer leurs bagages du car à la réception de l'hôtel et pour s'occuper des formalités de telle sorte qu'à l'heure du déjeuner ils n'aient plus qu'à se pointer et à signer une note. Il leur a fallu faire du stop, emprunter des lits, et ces jeunes gens affamés, quand ils ne quémandaient pas pour manger, devaient désespérément trouver de quoi s'offrir un repas. »

Punished by Rewards : The Trouble with Gold Stars, Incentive Plans, A's, Praise, and Other Bribes, KOHN, Alfie (Mariner Books, 1999)

Ancien enseignant, Alfie Kohn dénonce l'acceptation aveugle par notre société de la théorie comportementaliste de B. F. Skinner. Dans ce livre publié en 1993, il critique les motivateurs extrinsèques à l'école, dans le monde du travail et dans la vie privée et brosse le tableau convaincant d'un monde qui en serait débarrassé.

Idée de type I : « Les récompenses motivent-elles les gens ? Absolument. Elles motivent les gens à obtenir des récompenses. »

Kohn a publié onze livres sur l'éducation parentale, l'enseignement et le comportement, ainsi que de nombreux articles sur ces sujets, toujours intéressants et provocateurs.

Once a Runner, PARKER, John L. (Scribner, 2009)

Ce roman initialement publié en 1978 et dont le succès se maintient grâce à un actif groupe de fans, pose un regard intéressant sur la psychologie de la course de fond. À travers l'histoire du lycéen Quenton Cassidy, le lecteur découvre quel peut être le prix à payer pour accéder à la maîtrise, mais aussi le plaisir et l'exaltation de la réussite.

Idée de type I : « Il courait non pas pour des raisons spirituelles mais pour gagner des courses, pour aller vite. Non seulement pour dépasser les autres, mais pour se dépasser lui-même. Pour être plus rapide d'un dixième de seconde, d'un centimètre ou d'un ou deux mètres qu'il ne l'avait été la semaine ou l'année d'avant. Il cherchait à conquérir les limites physiques que lui imposait ce monde tridimensionnel (et si le temps est la quatrième dimension, c'était aussi son domaine). S'il pouvait conquérir la faiblesse, la lâcheté qu'il avait en lui, il n'aurait plus à se soucier du reste : le reste viendrait. »

ÉCOUTEZ LES SPÉCIALISTES : SIX THÉORICIENS DE L'ENTREPRISE QUI MAÎTRISENT LE SUJET

Si la liste des entreprises ayant adopté la philosophie de type I est regrettablement courte, la méthode est cependant à la portée de tous. Les six théoriciens de l'entreprise ci-après proposent des conseils pertinents pour concevoir des organisations portées par l'autonomie, la maîtrise et la finalité.

Douglas McGregor

L'homme : un psychosociologue et un des premiers professeurs de l'école de Gestion Sloan du MIT. Avec son ouvrage *The Human Side of Enterprise* publié en 1960, il a apporté à la pratique du management une dose d'humanisme dont elle avait cruellement besoin.

La grande idée : opposer la théorie Y à la théorie X. McGregor décrit deux approches très différentes du management, chacune fondée sur une hypothèse différente concernant le comportement de l'être humain. Selon la première, qu'il appelle la théorie X, les gens évitent de faire des efforts, ils ne travaillent que pour l'argent et la sécurité et il faut donc exercer sur eux un contrôle. Selon la seconde, qu'il appelle la théorie Y, le travail est pour l'être humain aussi naturel que le jeu ou le repos, l'initiative et la créativité sont le lot commun et les gens qui peuvent s'impliquer dans la réalisation d'un objectif veulent être responsables. Pour McGregor, la théorie Y est l'approche la plus pertinente et finalement la plus efficace.

Idée de type I : « Les managers viennent souvent se plaindre que de nos "jours", leurs subordonnés ne veuillent pas assumer de responsabilités. J'ai trouvé intéressant de remarquer combien de fois ces mêmes managers maintiennent une surveillance constante du travail au jour le jour de leurs subordonnés, parfois à deux ou trois échelons au-dessous d'eux. »

Comme je l'ai expliqué au chapitre 4, ce livre est une des principales sources de Motivation 3.0. Bien que

McGregor l'ait écrit il y a déjà un bon demi-siècle, ses observations sur les limites du contrôle ont gardé toute leur pertinence.

Peter F. Drucker

L'homme : le théoricien du management le plus important du XXe siècle. Il a écrit pas moins de 41 ouvrages, influencé la pensée de deux générations de P-DG, reçu la médaille présidentielle américaine de la Liberté et enseigné pendant une trentaine d'années à la faculté de gestion de l'université de Claremont qui porte maintenant son nom.

La grande idée : l'automanagement. « La principale contribution de Drucker n'est pas une simple idée, écrivait un jour Jim Collins, mais plutôt un corpus d'œuvres tout entier présentant un avantage de taille : pratiquement tout y est globalement correct. » Drucker a forcé l'expression « travailleur du savoir ». Il a prévu l'essor du secteur des organismes à but non lucratif et il a été parmi les premiers à affirmer la primauté du consommateur dans les stratégies d'entreprise. Cependant, s'il est surtout connu pour ses idées sur la gestion des entreprises, il a signalé vers la fin de sa carrière la nouvelle frontière : l'automanagement. Selon Drucker, avec l'augmentation de l'espérance de vie et le déclin de la sécurité d'emploi, les individus doivent bien réfléchir pour savoir où sont leurs forces, comment ils peuvent se rendre utiles et améliorer leurs propres performances. « Le besoin de se gérer soi-même, a-t-il brièvement noté avant de mourir en 2005, crée une révolution dans les activités humaines. »

Idée de type I : « Exiger des travailleurs du savoir qu'ils définissent leurs propres tâches et leurs résultats est

nécessaire car les travailleurs du savoir doivent être autonomes [...], on devrait demander aux travailleurs de
réfléchir à leurs propres projets de travail puis de les soumettre. *Sur quoi vais-je me concentrer ? Quels résultats
peuvent être attendus. Desquels devrais-je être tenu responsable ? Dans quel délai ?* »

Drucker a écrit de nombreux ouvrages et autant ont
été écrits sur lui, mais un bon choix pour commencer
est *The Daily Drucker*, un petit bijou qui propose
366 idées et « points d'action » pour mettre ses idées en
pratique. Sur l'automanagement, lisez l'article de Drucker publié en 2005 dans la *Harvard Business Review*,
« Managing Oneself ».

Jim Collins

L'homme : un des hommes qui font le plus autorité
dans le monde de l'entreprise d'aujourd'hui et l'auteur
de *Built to Last* (avec Jerry Porras), *De la performance à
l'excellence* et, plus récemment, de *Ces géants qui
s'effondrent*. Il a été professeur à la faculté de gestion de
Stanford et il dirige aujourd'hui son propre laboratoire à
Boulder, dans le Colorado.

La grande idée : l'automotivation et l'excellence.
« Dépenser de l'énergie à essayer de motiver les gens est une
énorme perte de temps, écrit-il dans *De la performance à
l'excellence*. Si vous avez les bonnes personnes avec vous, elles
seront automotivées. La vraie question devient alors :
Comment faire pour ne pas démotiver les gens ? »

Idée de type I : Collins propose quatre principes de
base pour créer une culture au sein de laquelle l'automotivation pourra prospérer :

1. « Dirigez avec des questions et non avec des
réponses. »

2. « Choisissez le dialogue et le débat, pas la coercition. »

3. « Pratiquez des "autopsies", sans culpabiliser. » Sachez observer votre travail avec objectivité et assumez vos erreurs.

4. « Mettez en place des mécanismes d'alerte. » En d'autres termes, faites en sorte qu'il soit facile pour les salariés et pour les clients de s'exprimer quand ils identi-fient un problème.

Cali Ressler et Jody Thompson

Les femmes : ces deux anciennes professionnelles des ressources humaines chez Best Buy ont convaincu leur P-DG qu'il serait bon d'expérimenter une approche radicalement nouvelle de l'organisation du travail. Elles ont publié un livre sur leurs expériences, *Why Work Sucks and How To Fix It* (version française : *Pourquoi le travail nous emmerde. Et comment faire pour que ça change,* éditions Maxima), et elles dirigent maintenant leur propre cabinet de consultants.

La grande idée : un environnement de travail dans lequel seuls comptent les résultats. La méthode ROWE, exposée au chapitre 5, consiste à accorder aux salariés la maîtrise entière de leur temps, de leur lieu de travail et de leur façon de travailler. La seule chose qui compte, ce sont les résultats.

Idée de type I : Parmi les principes de base de ROWE :

– « À n'importe quel échelon, les gens cessent toute activité qui constituerait un gaspillage de temps pour eux, pour leur client ou pour la société. »

– « Les salariés sont libres de travailler comme ils le souhaitent. »

– « Toute réunion est facultative. »

– « Il n'y a pas d'horaires de travail. »

Gary Hamel

L'homme : « Le plus grand spécialiste mondial des stratégies d'entreprise » selon *Business Week*. Il est le co-auteur d'un ouvrage de référence, *Competing for the Future*, professeur à la London Business School et directeur de MLab, en Californie, où il dirige « *Moon Shots for Management* », une série de travaux pour réformer la théorie et la pratique de la direction des organisations.

La grande idée : Le management est une technologie périmée. Hamel fait un parallèle entre le management et le moteur à combustion interne. Il s'agit selon lui d'une technologie qui a largement cessé d'évoluer. Pour Hamel, si un P-DG des années 1960 se retrouvait en 2010, il retrouverait un grand nombre de rituels très peu différents de ceux qui gouvernaient la vie dans les grandes entreprises il y a une ou deux générations. Il n'y a pas de quoi être surpris : « La plupart des techniques et des outils essentiels du management moderne ont été inventés par des individus nés au XIXᵉ siècle, peu de temps après la fin de la guerre de Sécession. » La solution ? Une révision radicale de cette technologie vieillissante.

Idée de type I : « La prochaine fois que vous assistez à une réunion où certains discutent de la façon de tirer encore un peu plus de votre personnel, posez cette question : "Dans quel but et au bénéfice de qui demandons-nous à nos salariés de donner de leur personne ? Nous sommes-nous nous-mêmes engagés dans un objectif qui mérite vraiment qu'ils fassent preuve d'initiative, d'imagination et de passion ?" »

L'ouvrage de Gary Hamel *The Future of Management* (écrit en collaboration avec Bill Breen) est une référence importante, n'hésitez pas à vous y reporter.

Un plan de remise en forme selon le type I : quatre conseils pour être (et rester) motivé pour faire du sport

Prenons la course à pied pour exemple. C'est un domaine dans lequel tous les éléments d'un comportement de type I trouvent leur place. C'est une activité qui suppose l'autonomie. Elle vous permet de rechercher la maîtrise. Enfin, ceux qui la pratiquent assidûment et qui y trouvent le plus de profit courent souvent dans un but plus grand : tester leurs limites ou rester dynamique et en bonne santé. Si vous voulez faire pénétrer l'esprit de la motivation intrinsèque dans un autre domaine de votre vie, voici quatre conseils pour une remise en forme selon le type I.

1. Fixez vous-même vos objectifs. N'acceptez pas un programme d'exercices rigide et impersonnel. Créez un programme qui soit adapté à vos propres besoins et à votre propre niveau (vous pouvez y travailler avec un professionnel, mais ce sera à vous de décider au bout du compte). Il est tout aussi important que vous fixiez les bons objectifs. De nombreuses recherches en science comportementale montrent que les personnes qui cherchent à perdre du poids pour des raisons extrinsèques – pour être plus mince le jour d'un mariage ou pour avoir meilleure allure au prochain conseil de classe – atteignent souvent leur objectif, mais elles reprennent du poids dès que l'événement en question est terminé. En revanche, les personnes qui poursuivent des objectifs plus intrinsèques – mincir pour se sentir mieux ou pour rester en bonne santé afin de pouvoir assumer longtemps des responsabilités familiales – réalisent des progrès plus lents au début, mais obtiennent des résultats significativement meilleurs à long terme.

2. Renoncez au tapis roulant. Sauf si vous aimez le tapis roulant, bien sûr. Plutôt que de vous traîner péniblement

à des cours de gymnastique parce que vous vous sentez obligé de le faire, trouvez un moyen de faire du sport ou de l'exercice qui vous soit agréable et qui vous procure ces moments grisants de *flow*. Rassemblez des amis pour jouer de façon informelle au tennis ou au basket, rejoignez un club, optez pour une marche rapide dans un parc, dansez pendant une demi-heure, ou jouez avec vos enfants. Exploitez l'effet Sawyer et transformez un travail physique en jeu.

3. Gardez en tête l'idée de maîtrise. Les progrès que l'on accomplit dans un domaine sont une grande source d'énergie renouvelable. Choisissez donc une activité dans laquelle vous pourrez devenir meilleur avec le temps. En augmentant continuellement le niveau de difficulté et en vous lançant des défis de plus en plus audacieux, vous pourrez renouveler cette énergie et rester motivé.

4. Récompensez-vous comme il faut. Si vous avez de réelles difficultés, faites la petite expérience que propose le site américain Stickk (www.stickk.com), sur lequel vous vous engagez publiquement à atteindre un objectif donné. Vous devez ensuite donner une somme d'argent à un ami ou à une association si vous ne l'avez pas atteint. Cependant, de façon générale, n'abusez pas des récompenses conditionnelles, car elles ont souvent des effets pervers. En revanche, une récompense spontanée de temps à autre ne pose aucun problème. Si vous avez parcouru à la nage la distance que vous aviez décidé de parcourir cette semaine, vous pouvez vous offrir une récompense, par exemple un massage. Cela ne pourra vous faire que du bien.

RÉSUMÉ DU LIVRE

Le contenu de ce livre était varié, et vous ne pouvez sans doute pas tout vous rappeler en un instant. Je vous propose donc ici trois résumés différents. Considérez-les comme un aide-mémoire, comme un rappel ou comme un exercice.

Un résumé pour Twitter [1]

La carotte et le bâton, c'est fini. Place au XXIe siècle. La vérité sur ce qui nous motive : autonomie, maîtrise et finalité.

Un résumé pour vos conversations mondaines [2]

En matière de motivation, la pratique des entreprises n'est pas en phase avec ce que la science nous apprend. Notre système d'exploitation actuel, fondé sur des motivateurs externes (la carotte et le bâton), est inefficace et souvent contre-productif. Il nous faut une nouvelle version, reposant sur trois éléments essentiels : l'autonomie, ou le désir de diriger notre propre vie ; la maîtrise, ou le besoin de progresser dans un domaine important ; et la finalité, ou le fait de travailler pour un objectif plus grand que notre propre personne.

---

1. Sur Twitter (www.twitter.com), vous ne devez pas dépasser 140 signes. Libre à vous de reformuler ce résumé comme bon vous semble.

2. Un maximum de 100 mots ou moins d'une minute de temps de parole.

Un résumé chapitre par chapitre

Introduction : Les casse-tête déroutants de Harry Harlow et Edward Deci

L'être humain est sujet à des motivations biologiques comme la faim, la soif et le désir sexuel. Un autre type de motivation, admis depuis longtemps, est constitué par les récompenses et les punitions dont notre environnement est constitué. Cependant, au milieu du XXᵉ siècle, une poignée de chercheurs ont découvert qu'il existait un troisième type de motivation, que certains ont appelé la « motivation intrinsèque ». Depuis plusieurs dizaines d'années, les spécialistes du comportement étudient la dynamique de cette troisième motivation et expliquent son importance. Malheureusement, les entreprises n'en tiennent toujours pas compte. Or, si nous voulons avoir des entreprises plus humaines, vivre mieux et rendre le monde meilleur, il nous faut combler l'écart entre ce que la science nous dit et ce que pratiquent les entreprises.

Partie I : Un nouveau système d'exploitation
Chapitre premier : Motivation 2.0, des origines à la chute

Les entreprises, comme les ordinateurs, ont un système d'exploitation : un ensemble d'instructions et de protocoles plus ou moins invisibles qui règlent le fonctionnement de l'ensemble. Le premier système d'exploitation humain, que nous appelons ici Motivation 1.0, était un simple moyen de survie. Il a été remplacé par Motivation 2.0, un système fondé sur les récompenses et les punitions extérieures et qui était efficace pour les tâches routinières dans les organisations au XXᵉ siècle. Au XXIᵉ siècle, Motivation 2.0 se révèle incompatible avec notre manière de nous organiser, de penser et d'agir. Il nous faut une nouvelle version.

Chapitre 2 : Sept raisons pour lesquelles la carotte et le bâton sont (souvent) inefficaces…

Quand la carotte et le bâton rencontrent notre troisième type de motivation, il se passe des choses curieuses. Les récompenses conditionnelles deviennent souvent inefficaces : elles peuvent étouffer la motivation intrinsèque, réduire la performance, bloquer la créativité et décourager la bonne conduite. Elles peuvent aussi devenir contre-productives : encourager un comportement contraire à la morale, engendrer des dépendances et favoriser des considérations à court terme. Ce sont là les bogues de notre système d'exploitation actuel.

Chapitre 3 : … et les circonstances particulières dans lesquelles ils sont efficaces

La carotte et le bâton ont parfois du bon. La méthode peut être efficace pour les tâches routinières, car il y a peu de motivation intrinsèque à saper et il n'y a guère de créativité à bloquer. Elle peut être plus efficace encore lorsque ceux qui récompensent expliquent pourquoi la tâche est nécessaire, reconnaissent qu'elle est fastidieuse et laissent leurs subordonnés libres de choisir la manière de la mener à bien. Pour les tâches non routinières et qui font appel à nos facultés de conceptualisation, les récompenses comportent davantage de risques, surtout si elles sont conditionnelles. Cependant, les récompenses après coup ou non attendues peuvent parfois convenir pour les travaux plus créatifs, surtout si elles apportent à la personne concernée une information utile sur sa performance.

Chapitre 4 : Le type I et le type X

Motivation 2.0 était lié au comportement de type X, un comportement suscité par des désirs extrinsèques plutôt qu'intrinsèques et tenait moins compte de la satisfaction inhérente à une activité que des bénéfices extérieurs que cette activité permettait d'obtenir. Motivation 3.0, la nouvelle version nécessaire au bon fonctionnement d'une entreprise au XXIe siècle, s'accorde avec un comportement de type I et le favorise. Un comportement de type I consiste à se préoccuper moins des récompenses extérieures que de la satisfaction inhérente à l'activité concernée. Pour réussir professionnellement comme pour nous épanouir individuellement, nous devons, avec notre entourage, passer du type X au type I. Heureusement, le type I est affaire d'acquis et non pas d'inné. Un comportement de type I permet de progresser dans la performance, d'être en meilleure santé et procure un plus grand bien-être global.

Partie II : Les trois éléments : autonomie, maîtrise et finalité

Chapitre 5 : L'autonomie

Notre « paramétrage par défaut », c'est l'autonomie et l'indépendance. Malheureusement, les circonstances – entre autres des notions périmées de management – concourent souvent à changer ce paramétrage et à nous faire passer du type I au type X. Pour favoriser le comportement de type I et les bonnes performances qu'il permet de réaliser, la première condition est l'autonomie. Les gens ont besoin d'être autonomes dans leurs tâches (dans ce qu'ils font), par rapport au temps (à quel moment ils le font), en termes d'équipe (avec qui ils le font) et par rapport à la technique (comment ils le font).

Les entreprises qui permettent à leurs salariés d'être autonomes, parfois de façon radicale, sont plus performantes que leurs concurrents.

Chapitre 6 : La maîtrise

Alors que Motivation 2.0 supposait l'obéissance, Motivation 3.0 suppose l'implication. Seule l'implication permet d'acquérir la maîtrise, c'est-à-dire de devenir meilleur dans un domaine important. Or la recherche de la maîtrise, un élément important du troisième type de motivation mais qui est souvent négligé, est devenue essentielle pour réussir dans un système économique. La maîtrise commence avec le *flow* : un état optimal que nous atteignons lorsque les difficultés que nous rencontrons sont proportionnelles à nos capacités à les surmonter. Un environnement de travail intelligent, c'est donc un environnement de travail dans lequel les tâches ne sont ni trop difficiles, ni trop faciles. Cependant, la maîtrise obéit aussi à trois règles particulières :

— Elle est un état d'esprit : elle requiert la capacité d'envisager ses propres possibilités comme étant non pas finies mais infiniment améliorables.

— La maîtrise suppose des efforts, des difficultés et une pratique délibérée.

— La maîtrise est une asymptote : elle est impossible à atteindre entièrement, si bien qu'elle comporte à la fois un côté frustrant et un côté attirant.

Chapitre 7 : La finalité

Il est dans la nature humaine de rechercher la finalité, c'est-à-dire de trouver un sens à ce que l'on fait, un but qui dépasse notre propre condition. Or, les entreprises ont longtemps considéré la finalité comme accessoire, comme un élément souhaitable tant qu'il n'interfère pas avec les choses importantes. Cette situation est en train de changer, en partie grâce au vieillissement des baby-boomers qui se retrouvent confrontés à leur condition de mortels. Dans Motivation 3.0, la maximisation du sens trouve sa place aux côtés de la maximisation du profit, en tant qu'aspiration et principe directeur. Dans les organisations, ce nouveau « motif de finalité » s'exprime de trois manières : sous forme d'objectifs de finalité dans lesquels le profit est un moyen, sous forme d'un discours qui met l'accent sur autre chose que l'intérêt personnel, et sous forme de mesures pour permettre aux salariés de trouver par eux-mêmes du sens à ce qu'ils font. Le fait de maximiser non plus seulement le profit mais aussi la finalité devrait permettre de redynamiser le monde de l'entreprise et de changer la société.

GLOSSAIRE

Une nouvelle conception de la motivation nécessite un nouveau vocabulaire pour en parler, d'où ce petit glossaire.

Asymptote de la maîtrise : Principe selon lequel on ne peut jamais atteindre la maîtrise totale, et c'est ce qui rend la recherche de la maîtrise à la fois attrayante et frustrante.

Comportement de type I : État d'esprit et conception de l'existence reposant sur des motivateurs intrinsèques plutôt qu'extrinsèques. Il s'agit d'un comportement motivé par notre besoin inné de diriger notre propre vie, d'apprendre, de créer et de progresser.

Comportement de type X : Comportement motivé par des désirs extrinsèques plutôt qu'intrinsèques, par les récompenses externes qu'une activité permet d'obtenir plutôt que par la satisfaction inhérente qu'elle peut procurer.

Effet Sawyer : Phénomène comportemental illustré par un passage des *Aventures de Tom Sawyer*, dans lequel Tom et ses copains repeignent une palissade en en faisant un jeu. Cet effet est à double sens : dans un sens négatif, la récompense transforme le jeu en travail, et dans un sens positif, le travail devient un jeu grâce à la recherche de la maîtrise.

« FedEx Days » : Invention de la société australienne Atlassian, éditrice de logiciels. Cette pratique consiste à accorder aux salariés une journée d'autonomie qu'ils doivent consacrer au problème de leur choix, sachant qu'ils devront ensuite montrer les résultats au reste de l'entreprise. Ce nom a été choisi parce qu'il faut livrer quelque chose du jour au lendemain.

Motivation 1.0, 2.0 et 3.0 : Nom des systèmes d'exploitation motivationnels, c'est-à-dire des ensembles d'hypothèses et de protocoles liés à une vision de la façon dont le monde fonctionne et dont l'être humain se comporte, qui gouvernent nos lois, notre système économique et les habitudes de nos entreprises. Motivation 1.0 suppose que l'être humain, en tant que créature biologique, lutte pour sa survie. Motivation 2.0 suppose que l'être humain réagit aussi aux récompenses et aux punitions qu'il reçoit de son environnement. Motivation 3.0, la nouvelle version dont nous avons aujourd'hui besoin, suppose que l'être humain a aussi un troisième type de motivation : apprendre, créer, rendre le monde meilleur.

Récompenses conditionnelles : Récompenses offertes sous condition (si vous faites ceci, vous obtiendrez cela). La méthode peut parfois être indiquée pour des tâches routinières, mais lorsqu'il s'agit de tâches créatives et conceptuelles, elle produit invariablement plus de mal que de bien.

Récompenses de base : Salaire, paiements contractuels, primes et certains avantages qui représentent la base des compensations. Quand ces récompenses ne sont pas adéquates ou équitables, la personne se préoccupe de l'injustice dont elle se considère la victime ou de l'incertitude de son sort et il lui sera extrêmement difficile de rester motivée.

Récompenses non conditionnelles : Récompenses offertes une fois le travail terminé, sans avoir été promises ni annoncées. Leur utilisation est délicate, mais elles sont moins risquées que les récompenses conditionnelles pour les tâches non routinières.

ROWE (*Results-only work environment*) **ou NETPRO (nouvel environnement de travail pour des résultats optimisés)** : Trouvaille de deux consultantes américaines. Il s'agit d'un environnement de travail dans lequel les salariés n'ont pas d'horaires. Ils n'ont aucune obligation de se trouver au bureau à un moment quelconque. Ils doivent simplement faire leur travail.

Tâches « idéalement équilibrées » : Tâches qui ne sont ni trop faciles ni trop difficiles. C'est une condition essentielle pour atteindre l'état de *flow* et la maîtrise.

Travail non mécanique : Travail créatif, conceptuel, sollicitant le cerveau droit et ne pouvant se réduire à un ensemble de règles. Aujourd'hui, si votre travail n'est pas de ce type, vous ne le supporterez pas éternellement.

Travail mécanique : Travail pouvant se résumer à un script, un cahier des charges, une formule ou un ensemble d'instructions. Les récompenses externes peuvent être efficaces pour motiver les gens à accomplir des travaux routiniers. Cependant, ces tâches de type algorithmique sont devenues plus faciles à délocaliser ou à automatiser, si bien qu'elles ont maintenant moins de valeur et d'importance dans une économie avancée.

Vingt pour cent de temps d'autonomie : Système adopté par certaines sociétés, permettant aux salariés de consacrer 20 % de leur temps à un projet de leur choix.

GUIDE DE DISCUSSION :
VINGT PISTES POUR DÉBATTRE
DE LA MOTIVATION

De nos jours, un auteur peut avoir le premier mot, mais il n'a pas – et ne doit pas avoir – le dernier mot. Le dernier mot, c'est vous qui devez l'avoir. Maintenant que vous avez lu ce livre, écrivez sur votre blog ou sur votre réseau social préféré ce que vous en pensez. En même temps, si vous voulez faire vivre les idées qu'il contient, parlez-en de vive voix à des collègues de travail ou à des amis. C'est de cette façon que le monde évolue : à partir des conversations. Voici vingt questions pour les alimenter.

Daniel Pink vous a-t-il convaincu qu'il existait un décalage entre ce que pratiquent les organisations et ce que la science nous apprend ? Êtes-vous d'accord pour dire qu'il nous faut une nouvelle version de notre système d'exploitation motivationnel ? Pourquoi ?

Quelle a été l'influence de Motivation 2.0 sur votre vie scolaire, professionnelle ou familiale ? Si Motivation 3.0 avait été le système prédominant quand vous étiez jeune, en quoi votre expérience aurait-elle été différente ?

Vous considérez-vous plutôt comme étant de type I ou de type X ? Pourquoi ? Pensez à trois personnes que vous côtoyez (dans votre vie privée, professionnelle ou scolaire). Sont-elles plutôt de type I ou de type X ? Sur quoi fondez-vous votre réponse ?

Racontez un moment où vous avez vu les effets d'un des sept défauts fatals de la carotte et du bâton. Quelles leçons pourrait-on tirer de cette expérience ? Avez-vous rencontré des situations dans lesquelles la carotte et le bâton se sont révélés être des méthodes efficaces ?

Votre travail actuel satisfait-il vos besoins en matière de « récompenses de base » (salaire, primes et avantages) ? Sinon, que pourriez-vous faire et que pourrait faire votre employeur pour changer cela ?

Pink fait une distinction entre travail « mécanique » et travail « non mécanique ». Quelle part de votre propre travail est mécanique ? Quelle part ne l'est pas ?

Si vous exercez des responsabilités d'encadrement, comment pourriez-vous remplacer les récompenses conditionnelles par plus d'autonomie et quelques récompenses non conditionnelles ?

En songeant à votre meilleure expérience, quel aspect de l'autonomie a été le plus important pour vous, l'autonomie par rapport aux tâches, au temps, à la technique, ou à l'équipe ? Pourquoi ? Quelle part d'autonomie avez-vous au travail aujourd'hui ? Est-ce suffisant ?

Des nouveautés comme les jours « FedEx », les « 20 % » et ROWE sont-elles envisageables dans votre organisation ? Pour quelle raison ? Pouvez-vous trouver une ou deux autres idées pour orienter davantage les comportements vers le type I dans votre environnement de travail ?

Décrivez une de vos expériences récentes de *flow*. Que faisiez-vous ? Où étiez-vous ? Que pourriez-vous faire pour vivre ces expériences optimales plus souvent ?

Y a-t-il une chose dont vous auriez toujours voulu avoir la maîtrise mais à laquelle vous auriez renoncé en vous disant que vous étiez trop vieux, que vous ne réussiriez jamais dans ce domaine ou que cela vous ferait perdre du temps ? Quels obstacles vous empêchent d'essayer ? Comment pourriez-vous supprimer ces obstacles ?

Auriez-vous la possibilité de déléguer les tâches qui vous empêchent de relever des défis plus intéressants ? Comment pourriez-vous les déléguer à vos collaborateurs tout en leur laissant leur autonomie ?

Comment pourriez-vous réaménager votre bureau, votre salle de classe ou votre domicile (l'environnement physique, l'organisation et les règles) de façon à promouvoir davantage l'implication et la maîtrise pour tous ?

Concernant les tâches routinières qu'exige votre travail, grâce à quelles méthodes pourriez-vous tirer parti de façon positive de l'effet Sawyer ?

Dans ce livre, il est beaucoup question de la finalité, du point de vue de l'organisation comme de l'individu. Votre organisation a-t-elle une finalité ? Laquelle ? S'il s'agit d'une entreprise à but lucratif, sa finalité est-elle un but réaliste compte tenu de la pression concurrentielle qui s'exerce dans tous les secteurs ?

Dans votre travail rémunéré, dans votre vie de famille ou dans votre activité bénévole, progressez-vous vers la finalité ? Quelle est cette finalité ?

L'enseignement actuel n'est-il pas trop orienté vers le type X ? Autrement dit, n'accorde-t-il pas une trop grande importance aux récompenses extrinsèques ? Si oui, quels changements pourrions-nous apporter dans l'école et dans la salle de classe ? N'existerait-il pas un moyen subtil de concilier la motivation intrinsèque et la responsabilité ?

Si vous êtes parent, favorisez-vous chez vos enfants un comportement plutôt de type I ou de type X ? De quelle manière ? Le cas échéant, que pourriez-vous faire pour changer cela ?

Daniel Pink sous-estime-t-il l'importance qu'il y a à gagner sa vie ? Sa vision de Motivation 3.0 ne serait-elle pas un peu trop utopique ? Ne voit-il pas tout en rose ?

Qu'est-ce qui vous motive vraiment ? Songez à la semaine dernière : combien de ces 168 heures avez-vous consacrées à ce qui vous motivait vraiment ? Pourriez-vous faire mieux ?

REMERCIEMENTS

Et maintenant, un coup de chapeau à ceux qui m'ont permis de rester motivé. Chez Riverhead Books, les talents d'éditeur de Jake Morrissey n'ont d'égal que ses talents de thérapeute. Il a su améliorer ce livre sans rendre son auteur fou. Merci également à Geoff Kloske, qui s'est empressé d'apporter son soutien à ce projet avec enthousiasme, et à tous les membres de l'extraordinaire équipe de production de Riverhead pour leur compétence et leur patience.

Rafe Sagalyn a compris l'intérêt de ce livre avant même que je ne le comprenne moi-même, et il s'en est fait le promoteur avec son habileté habituelle. Je suis heureux de l'avoir comme agent littéraire et comme ami. Un grand coup de chapeau également à la talentueuse Bridget Wagner, qui a séduit les éditeurs du monde entier avec *La Vérité sur ce qui nous motive*.

Vanessa Carr a déniché d'obscures études de psychosociologie sur Internet et sur les étagères poussiéreuses des bibliothèques des universités. Elle a fait là un travail remarquable. Rob Ten Pas a une fois de plus fait preuve de ses talents considérables pour créer des images permettant de donner de la vie à mes propos. Sarah Rainone m'a apporté une aide spectaculaire en menant le projet à son aboutissement au cours d'un été chaud et morne. Mes amis, retenez ces trois noms. Ce sont des stars.

Un des plaisirs que m'a procurés la rédaction de ce livre est d'avoir eu plusieurs longues conversations et entretiens avec Mihaly Csikszentmihalyi, Edward Deci et Richard Ryan, qui sont pour moi de véritables héros. S'il existait une justice en ce monde, ils décrocheraient tous les trois le prix Nobel : et si cette justice avait le moindre sens de l'humour, ce serait le prix Nobel d'économie. Toute erreur ou mauvaise interprétation éventuelle de leurs travaux est de ma faute, et non de la leur.

C'est à peu près à ce stade que les auteurs qui sont eux-mêmes parents s'excusent auprès de leurs enfants pour les dîners manqués. Ce ne sera pas mon cas. Je ne manque aucun repas. Mais il est vrai que j'ai fait l'impasse sur pratiquement tout le reste pendant plusieurs mois, si bien que les admirables enfants Pink, à savoir Sophia, Eliza et Paul, à qui ce livre est dédié, ont été obligés de se passer de leur père pendant quelque temps. Désolé, mes loulous. Heureusement, comme vous l'avez certainement déjà découvert, j'ai bien plus besoin de vous que vous n'avez besoin de moi.

Et puis il y a la maman de mes trois enfants, Jessica Anne Lerner. Comme toujours, Jessica a été mon premier, mon dernier et mon plus honnête cobaye pour toutes les idées qui me sont venues. Et comme toujours, Jessica a lu tout ce que j'ai écrit, elle en a même lu une grande partie à haute voix pendant que je me crispais dans mon fauteuil rouge. Pour toutes ces petites raisons, et pour bien d'autres raisons plus importantes qui ne vous regardent pas, cette femme adorable et gracieuse me laisse béat d'admiration et d'amour.

Table

I
ET SI NOUS ENVISAGIONS UN NOUVEAU SYSTÈME D'EXPLOITATION ?

II
LES TROIS ÉLÉMENTS : AUTONOMIE, MAÎTRISE ET FINALITÉ

III
LA BOÎTE À OUTILS DU TYPE I

Mise en page par Meta-systems
59100 Roubaix

N° d'édition : L.01EHQN000885.B003
Dépôt légal : février 2016
Imprimé en Espagne par Novoprint (Barcelone)